本書は，1999年2月に東海大学出版部より発行された同名書籍
（最終版：2015年3月第8刷）を弊社において引き継ぎ出版するものです．

Architecture in Drawings
Group Z
Tokai Education Research Institute, 2022
ISBN978-4-924523-32-6

序 4

配置図 9

平面図 25

立面図 41

断面図 57

アクソメ 73

透視図 89

その他 105

付録 113

序

図

A：ギリシャオーダー
　　（エレクティオン）
　　の柱頭部を表す図

B：茶室の内部を表す図
　　（不審庵一畳半復原
　　図より）

C－E：　複面投象図法
　　　　　平面図
　　　　　立面図
　　　　　側面図

F－H：　単面投象図法
　　　　アイソメトリック
　　　アクソメ－カバリエ図法
　　　アクソメ－ミリタリ図法

I－K：　単面投象図法
　　　　　一点透視
　　　　　二点透視
　　　　　三点透視

■　図面によるコミュニケーションとは、現実にみえるものを再現するのではなく、みえないものを描き、みえないことを読みとる作業である。

■　建築の設計製図とは、近い将来実際に建つことが予定される建築物について、その内容全体を図面あるいは立体モデルとして表記する行為である。一般に、建物の完成した姿やその特徴、あるいはその使用方法や施工方法などは、建物を実際に利用する人々や組み立てる人々に対してあらかじめ事前に明示し理解されていなければならない。図面という2次元画像や模型という3次元モデル、さらにそれらに付記される文字・文章などは、そのための表現媒体（メディア）といえる。建物の内容や特徴をこうした表現媒体の中に正確にあらわすためには、表現上のさまざまな約束事を学ぶことと、表現手法の技術を身につけることが必要である。

■　本書ではとくに建築表現としてもっとも身近である〈図面〉について、その表現手法を実例に沿って解説している。建築図面の種

A

B

類は、配置図・平面図・立面図・断面図などの一般図から、パースやアクソメとよばれる立体画法までさまざまなものがある。また同じ画法による各種図面についても、その表現手法は多様であるが、それは実体としての建築作品の性格や、設計者の表現意図などの差異から生じるものである。図面を描くためには、〈何をどう表現すれば最適であるか〉を正確に理解することが大切である。本書がそのためのガイドとして役立てば幸いである。

■　そもそも建物にはなぜ表現媒体が必要なのであろうか。建物はふつう目にみえるかたちで実体化されうるわけであるから、実体そのものが直接的な表現体であるはずである。ところがわれわれは、図面や模型、写真やCGなどの間接的な事物を介して建物の実体を想起していることの方がより一般的である。これは、建物が単に鑑賞されるモノである以上に、〈つくる〉あるいは〈つかう〉という行為にかかわるものであることに起因する。たとえば設計者は、建設予定の建物の形態や空間の特徴や魅力について使用者に対し

て十分な理解を求めなければならないし、また施工者に対しては建物をどのように組み立てるかを正確に伝えなければならない。こうした目的に対して、建物をどのような方法で表現すべきかはおよそ以下のようにまとめることができよう。すなわち、3次元のものを2次元（または文字）で表現すること、大きなものを小さなもので表現すること、複雑なものを単純にして表現すること、1つの対象をいろいろな角度から表現すること、などである。

■　建築表現の1つとして図面を媒体とすることは古くから頻繁に行われている。fig.Aやfig.Bのように、3次元のものを2次元であらわすためにはいくつかの方法がある。また〈図〉とは、単にそのものの実体を具体描写した絵ではなく、より抽象的・図式的にあらわしたものである。つまり、立体を平面に（あるいは平面を線に）置き換えたり、大きさを縮小し形を変形（デフォルメ）したりすることで、実体そのものの内容をよりパターン化してわかりやすく示すものである。これ

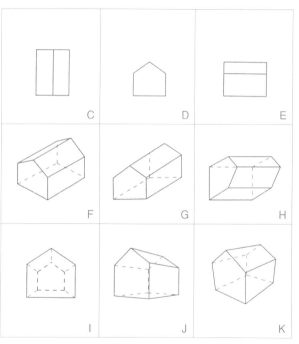

は人間の脳が物事を概念的・図式的にパターン化して効率よく認識していることと関係する。建物を対象とする〈図〉では、一般に3次元的に広がる建築空間を2次元平面に投象し、さらに実物の大きさを縮小してあらわす場合が多い。これにより建物に含まれる情報の総体は断片化されながらも整理され、建物の構成やしくみなどはよりクリアに把握しやすくなる。

■　空間幾何学の1つである〈図学〉は、空間表象の原理や空間表現の技術をマスターするものであるが、そこには建築物の図面表現のための基礎的な手法が示されている。空間を平面に還元して表記するためには、空間を複数の方向からみた姿を並べてあらわすか（＝複面投象）、空間そのものを立体的にみえるようにあらわすか（＝単面投象）の2種類がある。複面投象では、真上（無限上方）からみた図を平面図（fig.C）、真横（無限遠方）からみた図を立面図（fig.D.E）という。対象が建物である建築図面の場合、真上からみた図は正確には配置図あるいは屋根伏図に対応

L：ヴィラ・アドリアーナ
　（古代ローマ皇帝の
　　別荘）

M：イリノイ工科大学キ
　ャンパス計画
　（ミース・ファン・
　　デル・ローエ設計）

N：イマトラの教会
　（A・アアルト設計）

O：トレントン・シャワー
　　ハウス
　（L・カーン設計）

P：ラ・ロトンダ
　（A・パラディオ設計）

Q：スパイラル
　（槇文彦設計）

R：アヤ・ソフィア大聖堂

S：ツァラ邸
　（A・ロース設計）

する。建築における平面図および断面図とは、対象を水平面あるいは垂直面で切断した図であるから、図学的にはいずれも断面図となる。一方、単面投象とは、1枚の図面により立体空間を描く画法である。これには、対象物に備わる直交3軸を目安にして立体を再現する画法と、視点を設定しそれを起点として立体の姿を再現する画法とがあり、それぞれ平行投象／中心投象とよぶ。平行投象には大きく、直交3軸を互いに等角度・等尺度で設定する画法（アイソメトリック＝fig.F）と、直交3軸の2軸を直交・等尺度で置く画法（アクソノメトリック＝fig.G.H）がある。縦横高さの3軸が互いに直交し比較的安定している建築物に対しては、作図のしやすさ、および立体全体の形状の把握のしやすさから、両者の画法は頻繁に用いられる。中心投象とは、一般に透視図（パースペクティブ＝fig.I.J.K）とよばれ、人間の視線からみえる立体空間のようすをより近似的に再現するものである。近い部分をより大きく、遠い部分をより小さく描くことで、空間の奥行き感を画面上にあ

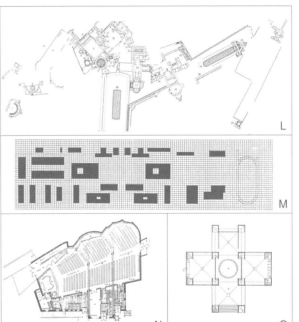

らわすのに有効である。

■　次に具体的な建築図面における図法について、そのいくつかをみてみることにしよう。建物はふつう平坦な大地の上に置かれている。建物だけでなく、道路や川、樹木や庭なども、同様に地上に配されている。ある領域の中にこうしたいくつかの要素が平面的に複数置かれている場合、その領域内に展開する空間的な性格は、そこに配される各要素の位置関係が明確に示される図、すなわち〈配置図〉によって表現される。fig.Lでは、広大な敷地の中にさまざまな大きさと形状をもつ建物や外部施設などが、複数の軸線を介して有機的に散在するようすが描かれている。またfig.Mでは、建物と外部空間を黒／白で塗りわけることで、外部空間の演出が建物相互の配置関係によって明快につくられていることが示されている。

■　建物の屋根を外し、それを上空から眺めてみると、建物の内部形状や外形のようすを全体的に把握することができる。建物の〈平面図〉とは、建物をある高さで水平に切断し

て真上からみた図である。fig.Nでは、不定形な内部空間のヴォリュームの全体形状を確認することができる。またfig.Oでは、単純な直交グリッドを形成するコの字型コラムの内部（ポシェ）が、多様な目的に使用されているのが認められる。このように、平面図とは実際には存在しえない視点から建物を描いたものでありながら、空間の形状やその用途・機能などが明快にあらわれる図であるといえる。

■　建物の外側からのみえがかりは、建物を真横遠方からみた図、すなわち〈立面図〉により表現される。これは、建物に対する人間の視線が、一般に水平に近いことによる。建物の立面においてもっとも主要な面を正面（ファサード）とよび、そのかたちはしばしば建物全体の印象を決定するイメージを形成する。fig.Pは、歴史上もっとも有名な住宅のファサードであるが、左右対称で明快な三層構成の形式は、現代にいたってもなお独立住宅の意匠に大きな影響を与えてきた形である。また、立面の形状はその建物の大きさや

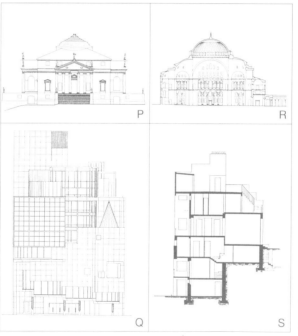

P

R

Q

S

高さ、あるいはその建物の周辺環境のようすと深くかかわっている。なぜなら、立面図は他の図と違って、人間の視覚すなわち視点の位置とダイレクトに結びつくものであるからである。fig.Qでは、こうした視点や視線からくる建物のみえ方を、立面構成の中でうまくコントロールしていることがわかる。

■　さらに、建物内外の平面形状や外観だけでは建物の性格のすべてを表したことにはならない。建物の中身すなわち内部の空間形状は、建物を切断してそれを真横からみた図、すなわち〈断面図〉を描くことにより表現される。fig.Rは、建物の外部と内部を隔てる外壁や屋根、すなわち建物の殻をなす覆いの形状が、そのまま内部の空間形状を決定している例を示している。一方fig.Sにおいて、建物は敷地の段差を吸収するようなかたちで設置され、その結果、内部空間は複雑に立体展開していることがわかる。このように断面図は、建物内部の立体構成、あるいは建物と外部との立体的な構成関係を表現することに対して有効な図である。

序文

T：プレファブ住宅計画
（W・グロピウス設計）

U：ネクサス香椎集合住宅
（S・ホール設計）

V：香港上海銀行
（N・フォスター設計）

W：香港ピーク計画案
（Z・ハディッド設計）

■　単面投象画法であるアクソメやパース
は、建物とは立体（空間）的に組み立てられ
たものであり、立体（空間）的な環境を人間
に与えることを、より明快にわかりやすく示
すための図であるといえよう。とくに〈アク
ソメ〉は、実際には人間の目でみることので
きない歪んだ形状でありながら、fig.Tのよう
に建物の立体形状を表したり、またfig.Uのよ
うに建物の内部構成をうまく表現することが
できる。その意味でアクソメは、想像の中で
構築された観念的な図であるといえる。一方
〈パース〉の場合は、建物のかたちや空間の
ようすがどのようにみえてくるのか、すなわ
ち建物の現象的な側面をあらわすのに有効な
図であるといえよう。fig.Vの内観パースは、
実際に体験できるであろう内部空間の風景を
わかりやすく示すものである。またfig.Wは、
ダイナミックに展開する外形のヴォリューム
を抽象的に表現した図であるが、こうした感
覚的な構成表現に対してもパースは有効な図
法であるといえよう。

■　建物のフォルムやプログラムがより複雑

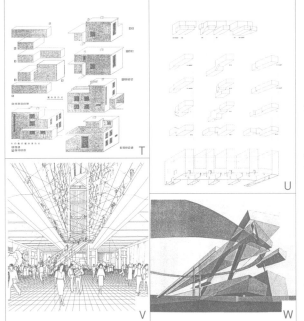

で多様化していくと、それらの複雑さや難解
さのニュアンスをうまく図面化するために
は、上記以外にもさまざまな画法や表現手法
が用いられるようになる。それによって生ま
れる図の個性は、単に絵的に魅力的であるこ
とを求めたものではなく、実体として建ち上
がるであろう建物の性格（そこには作者の概
念が転写されている）を、〈図〉によってで
きるだけ適切に伝えようとするための結果と
して理解しなければならない。建築の設計行
為が最初からスケッチやダイアグラムなども
含めて〈図〉というメディアに規定されてい
るという意味では、〈図〉自体の表現手法が
建築の計画内容やコンセプトとおおいに関係
することになるのは当然である。すなわち
〈図〉を描くことは、単に実体としての建築
への説明手段であることを超えて、建築には
どんな展開が可能かという、大きな問いへの
答案であるといってもよい。〈ARCHITEC
TURE IN DRAWINGS〉（＝図面の中の建築）
とは、〈図〉の中に印された建築性への探求
である。

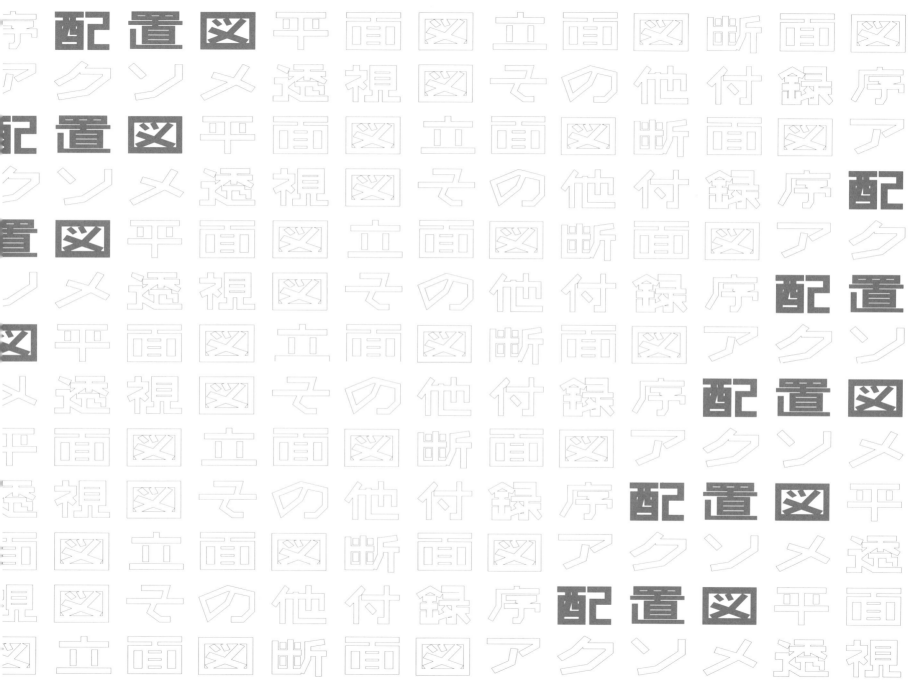

配置
図
―

私の家

縮尺＝1/100

■

清家清
1954
東京

■

A：　　　南立面図
B：　　　北立面図
C：　　　断面図
　　縮尺＝1/100
D：　　　外観写真

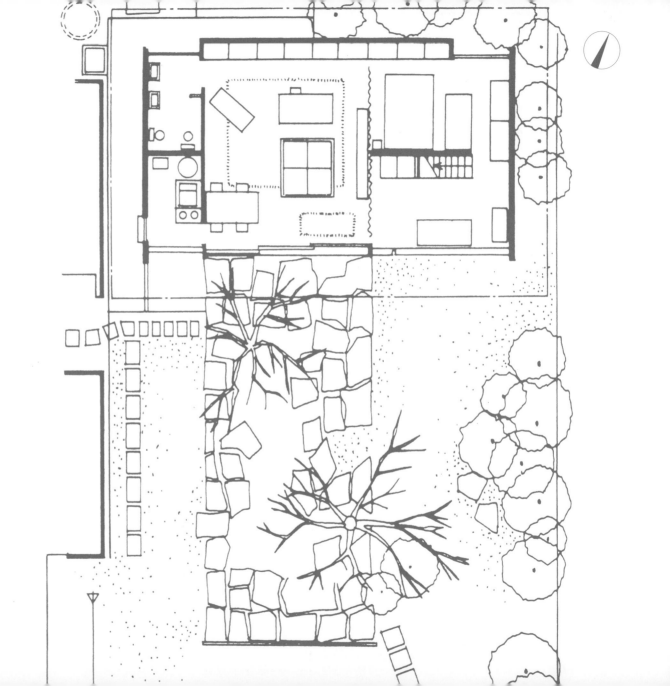

内外一体の家

この図は1階平面図を同時に描いた配置図である。

まず建物の平面をみてみると、建物を構成する壁が実に少ない上に、便所においてでさえ部屋を個別化するための建具等が一切なく、内部をまったくの一体空間にしようとする極端なまでの意図が読み取れる。また、建物の南面はすべて開口部として開放されているが、玄関やくつ脱ぎとなる部分がないことなどにも気づく。

そのうえで配置図全体をみてみると、それらの試みは建物の内部と外部とを連続させ、内外を一体化させるための徹底した手段であることがわかってくる。

この住宅について設計者は、「建物を戸外と有機的に結びつけ、生活を大気の中に溶け込まして、狭小住宅の解決を計っている。」と語っているが、この配置図がその考えを明らかにしている。

A

B

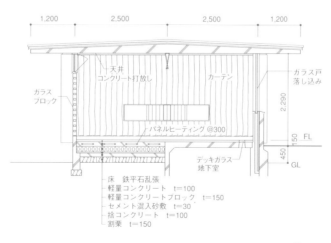

1,200　　2,500　　2,500　　1,200

天井
コンクリート打放し　　カーテン

ガラス戸
落し込み

ガラス
ブロック

2,290

パネルヒーティング@300

150　FL

450

GL

デッキガラス
地下室

床　鉄平石乱張
軽量コンクリート　　t=100
軽量コンクリートブロック　　t=150
セメント混入砂敷　　t=30
捨コンクリート　　t=100
割栗　　t=150

C

D

配置

図

2

レイクショア・
ドライブ・
アパートメント

縮尺＝1/500

■

ミース・ファン・デル・ローエ
1951
シカゴ

■

A： 基準階平面図
縮尺＝1/300
B： 外観写真
C： 入口付近写真

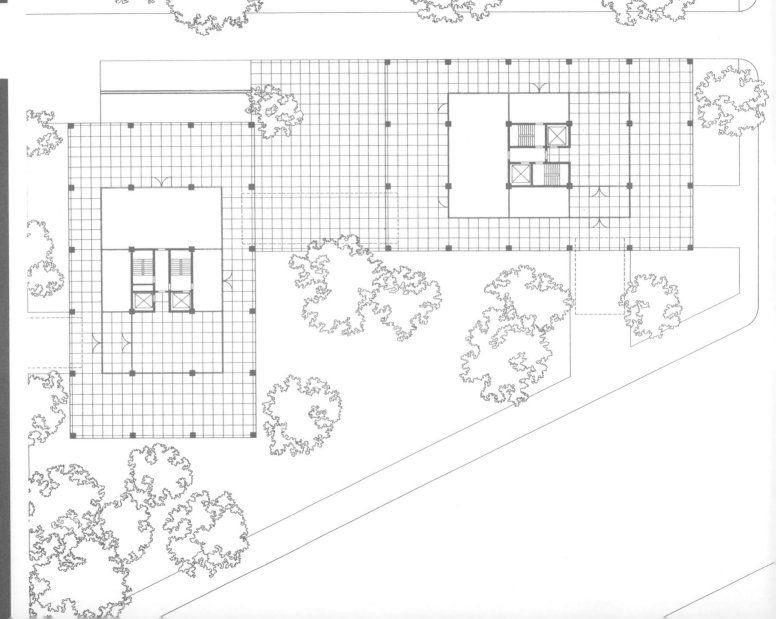

街区の外部空間

湖岸に南面した三角形の敷地に建つ2つの超高層アパートの地上階部分の図である。樹木を除く建物内外のすべての要素は、21フィート（約6.4メートル）のグリッドを基準として幾何学的に配され、それにより街区全体に秩序がもたらされている。2つの建物は、それぞれ3×5スパン分の鉄骨柱で支持され、中央部に集中する縦動線のコア、周縁部を巡るピロティ、さらにアプローチ部分の庇を含めて、向きが異なるのみでまったく同形状となっている。いっけん単純な配置構成であるが、建物相互の微妙な位置関係により、地上面には豊かな外部空間が展開されている。なお、建物は26階建（階高10フィート）で上部各フロアがそれぞれ4住戸および8住戸に分割されている。

B

C

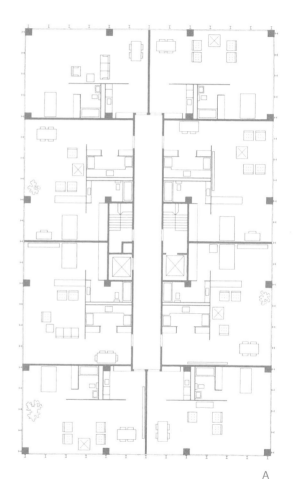

A

13

Yハウス

縮尺＝1/300

■

妹島和世
1994
千葉県

■

A：　　3階平面図
B：　　2階平面図
C：　　1階平面図
D：　　断面図
E：　　立面図
　　　縮尺＝1/300
F：　　内観写真

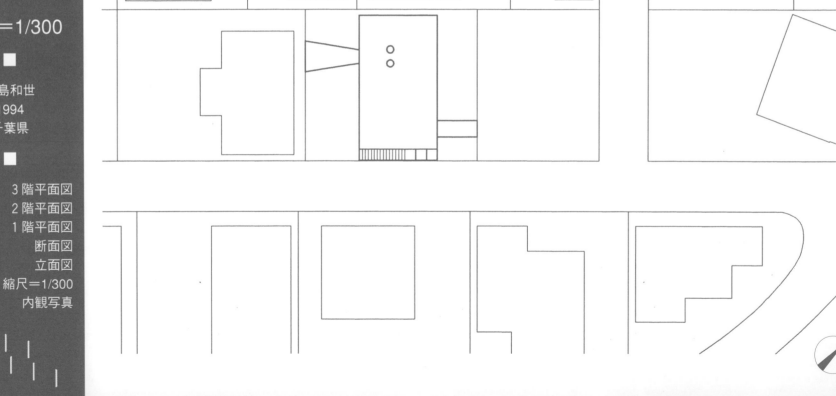

建つ位置

周囲の建物が広い範囲で描かれたこの配置図では、計画された建物が住宅地という環境の中でどのような位置に建っているのかがあらわされている。敷地の中での建物の位置を示すという平面図の延長としての配置図ではなく、もっと広く住宅地という環境の中で、この建物がどういう場所を占めているのかを示している。都市計画図の延長としての配置図だといってもいいだろう。都市周辺の住宅では、敷地境界線と建物の外壁との距離が数十センチ程度であることが多いが、この住宅では両方の隣地境界から４m程度離して建物を配置し、逆に境界線に近づく部分では境界線にほとんど接するところまで迫り出している。こういった具体的な配置のつくられ方からも、建物の建つ位置に積極的なまなざしが向けられていることがうかがえる。

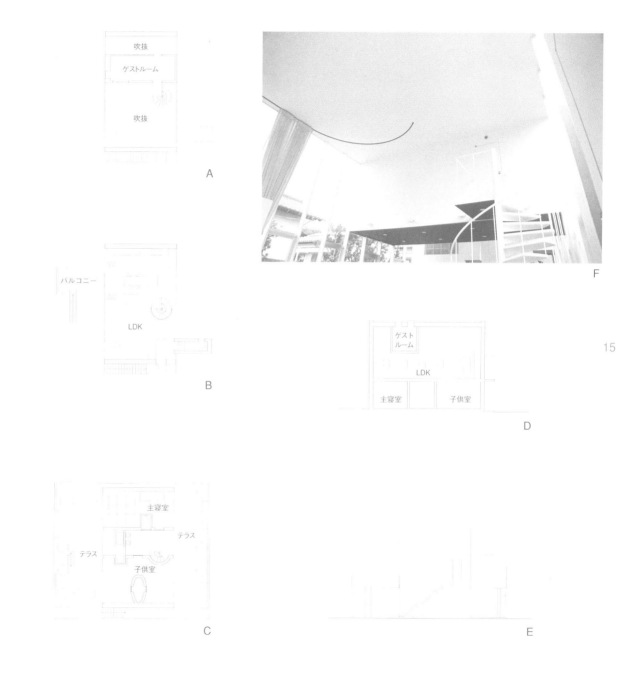

A

B

C

D

E

F

配置図

4

安曇野
ちひろ美術館

縮尺＝1/2500

■

内藤廣
1996
長野県

■

A：　　　　　平面図
B：　　　　　立面図
C：　　　　　断面図
　　　縮尺＝1/500

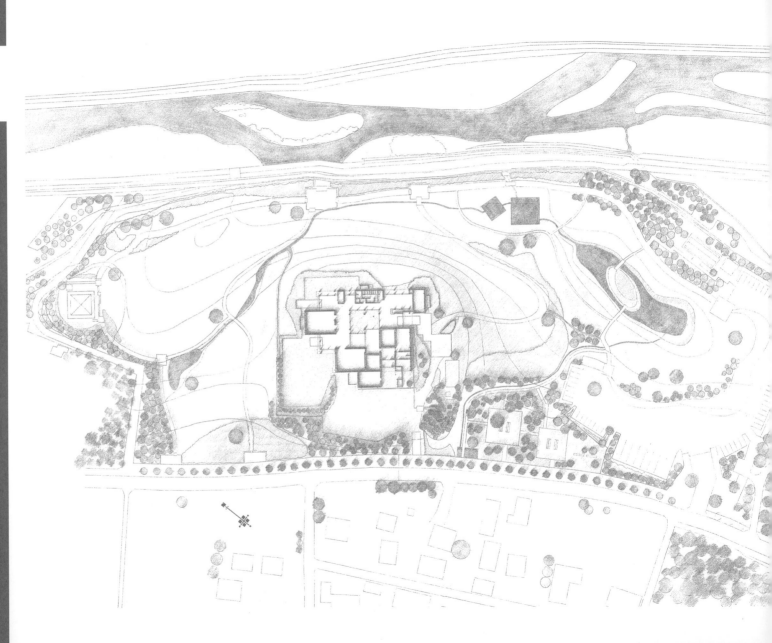

大地に根差す

建物部分に平面図を用い、影をつけて表現した配置図。

建物部分だけでなく、外構の樹木や敷地の傾斜に対しても影をつけているが、周辺にいくにしたがって影は薄くなり、設計の重要な部分が目立つように描かれている。青焼きに鉛筆で描かれた感じで、鉛筆のタッチ・トーンが統一されていながら、川や水面、植栽がいっけんしてそれとわかる。

この図は、影によって立体的にみえることを意図しているのではなく、むしろ全体の雰囲気を伝えることを目的としている。配置図だけに使われている、外構と建物平面が融合したような、この表現によって、建築が大地と密接な関係をもって設計されていることがわかる。

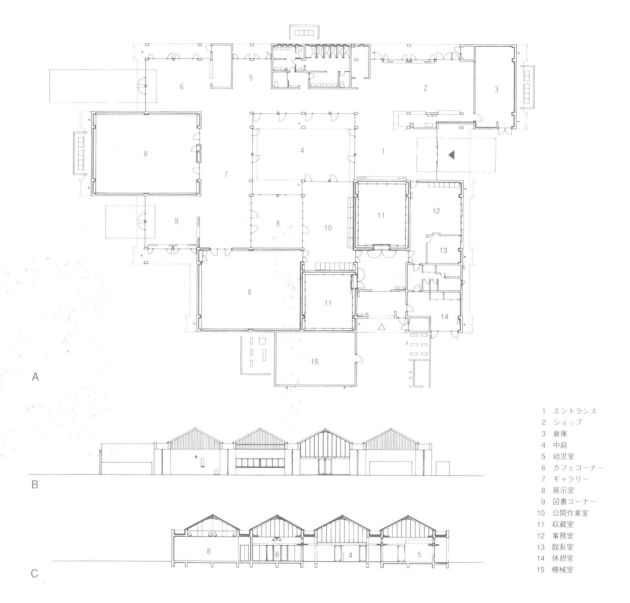

A

B

C

17

1　エントランス
2　ショップ
3　倉庫
4　中庭
5　幼児室
6　カフェコーナー
7　ギャラリー
8　展示室
9　図書コーナー
10　公開作業室
11　収蔵室
12　事務室
13　館長室
14　休憩室
15　機械室

配置
図

5

ミュージアム
パーク

縮尺＝1/2000

イヴ・ブリュニエ
1993
ロッテルダム

■

A： 模型写真
B-E：ドローイング
F-G： 外観写真

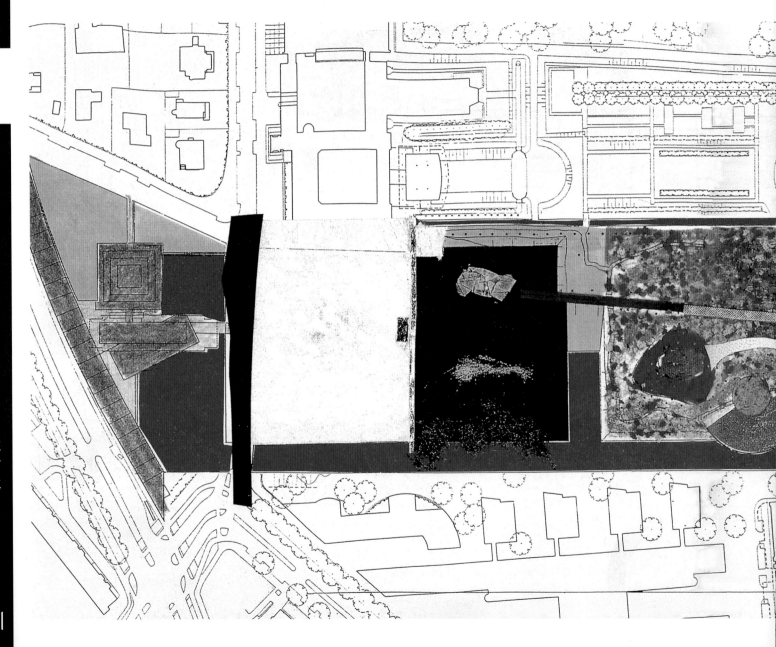

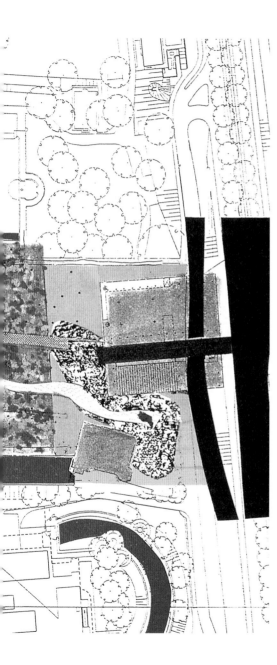

素材のリアリティ

ブリュニエはコラージュを多用する。それは配置図に限ったことではない。素材そのもののもつ印象や意味を、可能な限り正確にドローイングのなかに投入しようと努めているのだろう。植物、地面、岩石などの実物の写真を、多少のパースやスケールの違いを気にも留めずにコラージュする。ときには実物でさえも図面上にコラージュされる。もともと「ある」写真を使うから「設計図」としての正確さには欠くが、雰囲気を伝える「意匠図」としてはきわめて正確に機能している。その結果、ドローイングそのもののもつ印象は即興的で力強く、不思議と説明的なあざとさとは無縁である。極端な提案である上に、図面表現も相当特殊なものであるが、その特殊さを突き抜けた不思議なリアリティと迫力を獲得するのに成功している。

A

B

C

D

E

F

G

配置図

6

コモンシティ
星田

縮尺＝1/1000

■

坂本一成
1992
大阪府

■

A－B： 断面図
縮尺＝1/1000
C－D： 景観写真

斜面に住宅をばらまく

約2.6ヘクタールの緩やかな北斜面に、112の戸建住宅および1つの集会施設を計画するための配置図。建物はいっけんすると共有壁をもつテラスハウスの連続のようにみえるが、住戸はそれぞれ独立した敷地の中に建つカーポートつき一軒家（2階建）となっている。土地の傾斜を各住戸の敷地の内部にまで引き入れて、外部空間は各住戸ごとに切れることなく連続させることで、斜面に沿った造成計画となっている。またそれぞれの住戸には、外周道路から連続する車道、および中央の緑道から連続する遊歩道の双方が接続されているが、こうしたしくみを幾何学的な配置パターンによらずに計画することで、団地全体には有機的に統合された景観のシークエンスが展開している。

C

D

A

B

配置図

7

チャンディガル

縮尺＝1/50000

■

ル・コルビュジエ
1956
インド

■

A： キャピトル地区
配置図
縮尺＝1/10000
B： 同俯瞰写真

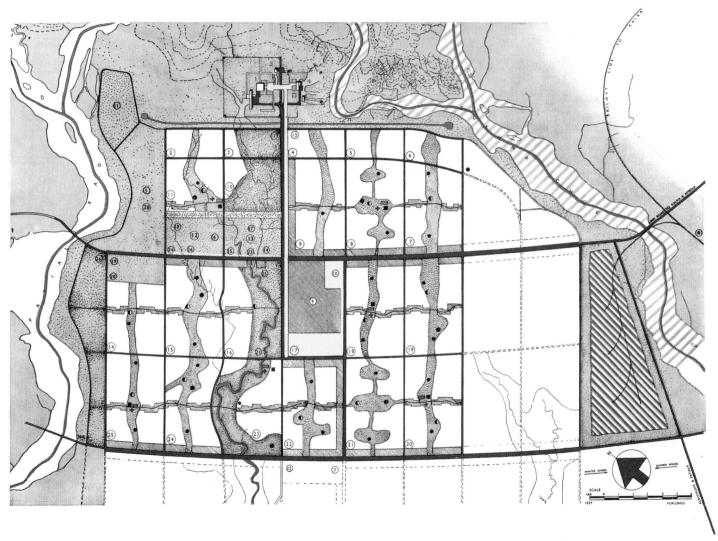

Le Corbusier-Chandigarh-Urbanisme-1950-65-plan FLC 510 ⓒFLC / ADAGP, Paris, & SPDA, Tokyo, 1999

都市のレイアウト

インド・パンジャブ州の新首都建設のための都市計画プラン。2つの大河に挟まれた平地に、行政地区および15万人のための居住地区を計画している。まず約1200×800メートルの間隔でグリッド状に幹線道路が引かれ、そのグリッドと半分ずれた位置に、緑地公園および商店街がそれぞれリニアに直交して配される。市街区の中央部に商業センター、市街区の外に離れて工業地域、そして中央幹線道路の末端部に行政地区（キャピトル）が置かれる。キャピトル地区の内部には、議事堂・総合庁舎・総督官邸・裁判所などの主要施設が、人工池のある中央広場を囲うように配されている。またそれぞれの施設には、市街地方向からの車両用道路および歩行者用デッキが立体交差しながら直結している。このように、ここでは都市を機能的に成立させるためのおもなエレメントを明快に分離・連結して配置する手法が読みとれる。

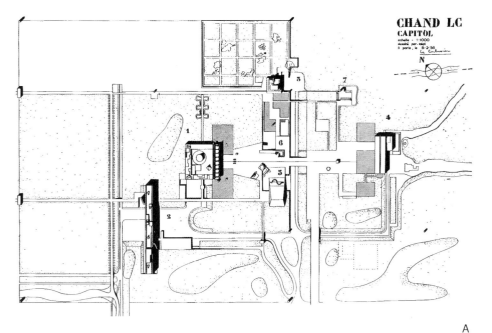

A

B

配置図表示記号例

落葉樹

等高線

砂利敷

自然石

生垣

池

踏石

芝

針葉樹

車両

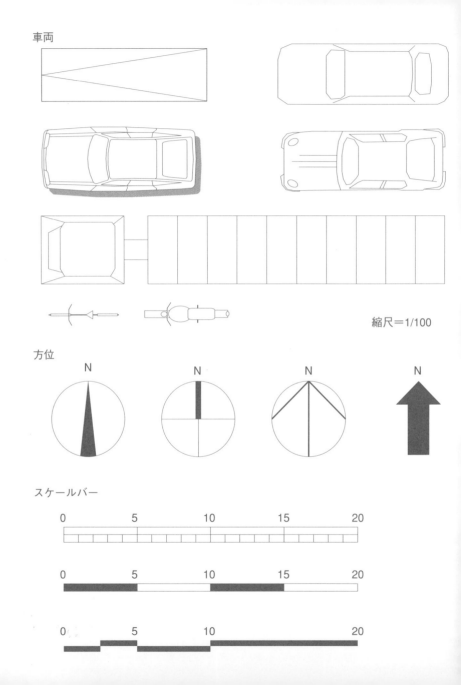

縮尺＝1/100

方位

N　N　N　N

スケールバー

0　5　10　15　20

0　5　10　15　20

0　5　10　20

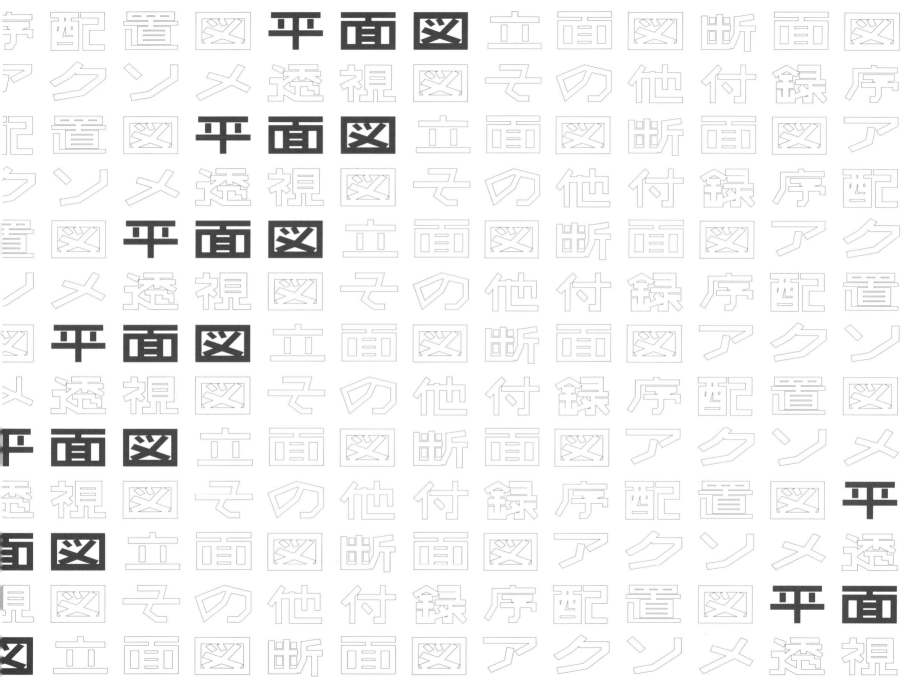

平面図

I

白の家

縮尺＝1/100

■

篠原一男
1966
東京

■

A： 2階平面図
B： 立面図
C： 断面図
縮尺＝1/150

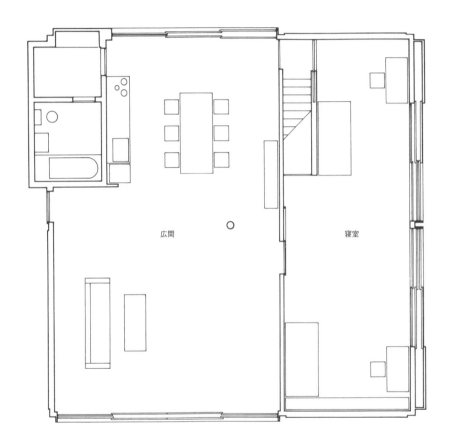

広間　　　　　　寝室

抽象化

正方形の平面の中に、中心をずらした1枚の壁、方形を支える1本の柱、開口部、階段、家具などの単純化された構成要素が配されている。断面線それだけを太くトレースすることで、材料や工法あるいは仕上といった具体的なモノとしての建築ではなく、より抽象的な建築の空間が浮かび上がる。また、みえがかりの家具を書き込むことで、それまではなんら規定されない空間が生きた空間として位置づけられる。そればかりでなく、それらの家具の大きさをものさしにして、空間のスケールや広がりがイメージしやすくなる。

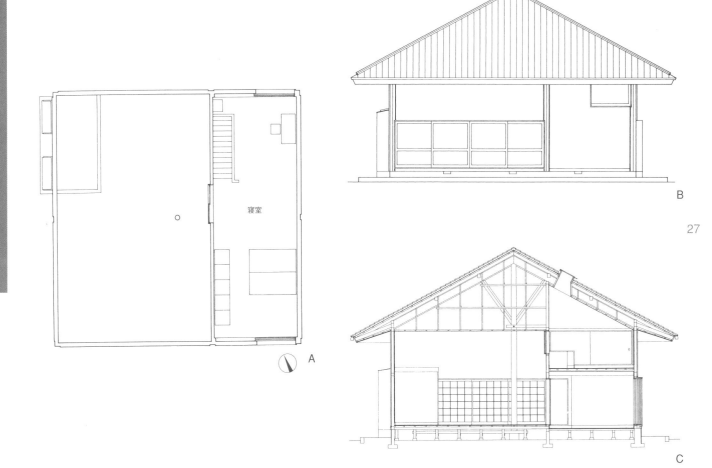

寝室

A

B

C

ファンズワース邸

縮尺＝1/200

■

ミース・ファン・デル・ローエ
1950
アメリカ

■

A－B：　　断面図
　　　　縮尺＝1/200
C：　　外観写真
D：　　内観写真

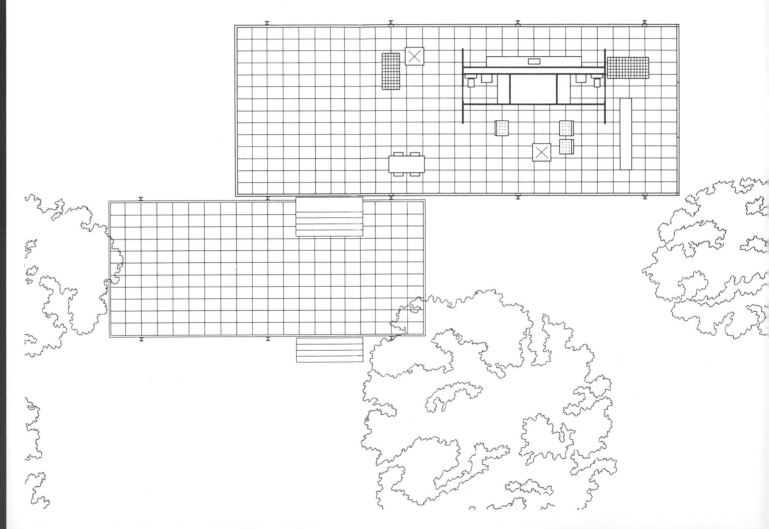

浮いた床と屋根のあいだ

広大で平坦な敷地に建つ平屋住宅の平面図。建物全体は、地上に浮遊する3つの長方形スラブ（水平板）により構成される。すなわち、地上より約0.8メートルに位置するアプローチデッキ、約1.6メートルに位置する本体床スラブ、約5メートルに位置する屋根スラブである。それぞれのスラブは構造柱であるH型鋼に挟まれるかたちで固定されている。本体床スラブの約1/3の部分は玄関ポーチとして屋外空間となっている。建物内部には、均等目地のトラバーチンの床の上に間仕切壁や家具などがオブジェ的に配置されており、抽象的な空間性と住むことの具体性との一体化が図られている。

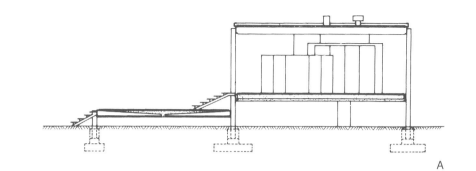

A

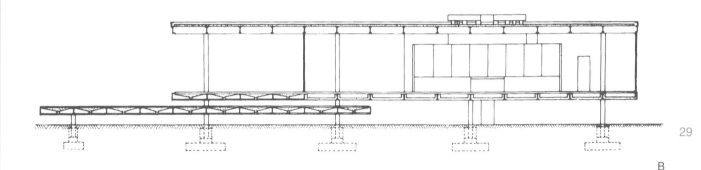

B

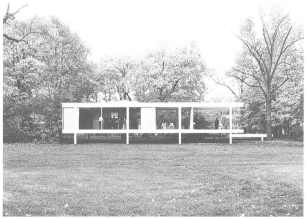

C

D

平面

図

3

ロンシャンの
礼拝堂

縮尺＝1/200

■

ル・コルビュジエ
1955
フランス

■

A： 断面展開図
B： 断面図
縮尺＝1/200
C： 内観写真
D： アクソメ

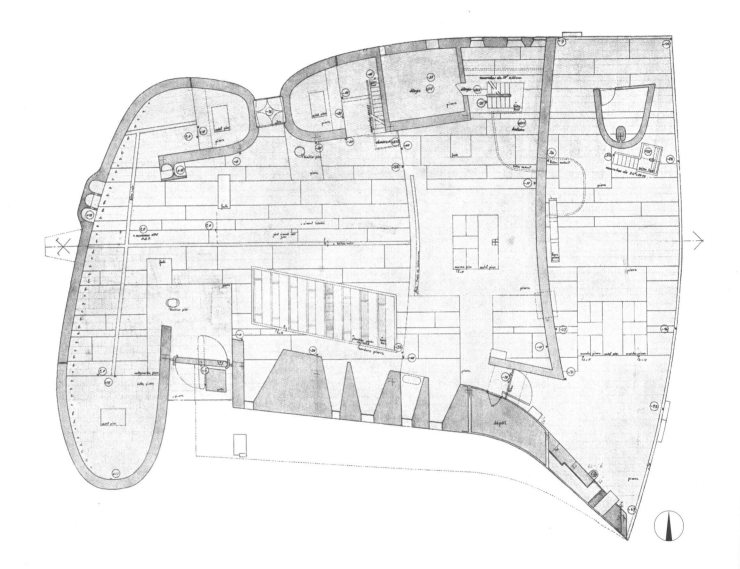

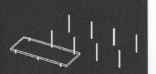

光を演出する壁

やわらかな曲線を描く厚い壁によって、特別な内部空間が作られている。

この薄く塗られた厚い壁、そこに小さく開けられた採光用の窓。壁を薄く塗ることによって、開口部との差が、よりわかりやすい。南側のとくに分厚い壁の開口部は、内側に向かってテーパーがついている。実は、この分厚い壁自身上方に向かってテーパーがついており、窓の奥行きは上部にいくほど浅い。また、これらの壁と屋根とは、スリット状の隙間があり、ここからも光がはいる。

禁欲的に取られた開口部と、開口部に現れる壁の厚さを強調することによって、静穏な内部空間が作られていることが、この図だけからでも想像できる。

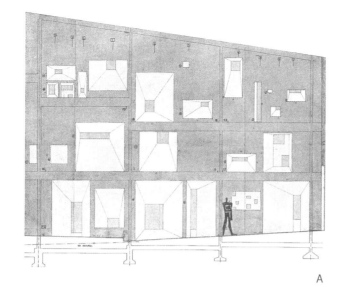

A

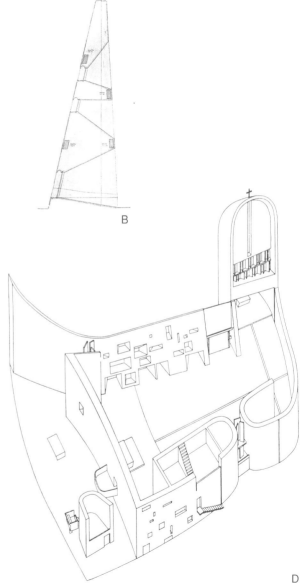

B

31

C

D

平面図

4

山川山荘

縮尺＝1/60

■

山本理顕
1977
長野県

■

A：　　内観パース
B：　　断面図
　　縮尺＝1/200

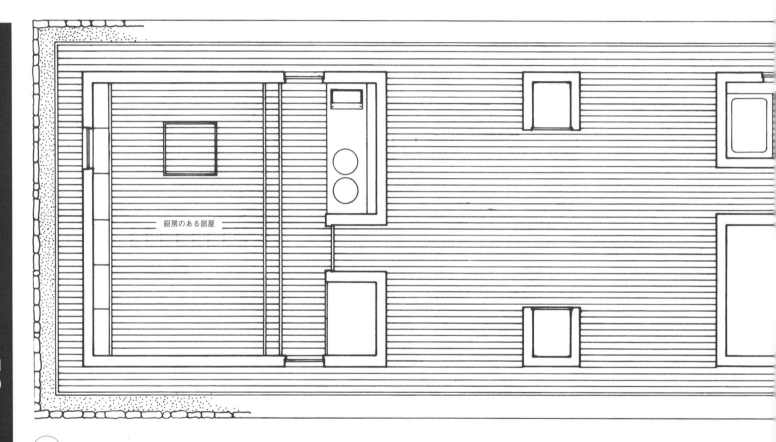

厨房のある部屋

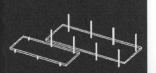

消された関係

これはある山荘の平面図であるが、ベースとなる長方形の平面の上に、住宅の機能的要素が個別に配置させられていることがまずみてとれる。そしてこのベースとなる平面、もしくはこれらの機能的要素以外の部分が、ガラスなり建具によって閉じられるようになっているかを探ってみると、一向にその気配はなく、この建物を一戸の建物の単位として、物理的に閉じられるようにつくろうとしていないことがわかってくる。

するとこれらの機能的要素は、それぞれがますます同質の場所として存在しているように意識され、それぞれを結ぶ関係は問題にされていない。むしろ、関係を消そうとする設計者の意図がみえてくる。

ベッドのある部屋

A

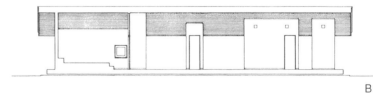

B

平面
図

5

フランス
国会図書館

縮尺＝1/3000

■

レム・コールハース
1989
パリ

■

A： 　　断面図
　　縮尺＝1/3000
B： 　　アクソメ

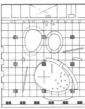

planta cota + 0.00/
level + 0.00 plan

planta cota + 5.00/
level + 5.00 plan

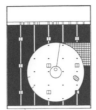

planta cota + 10.00/
level + 10.00 plan

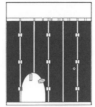

planta cota + 15.00/
level + 15.00 plan

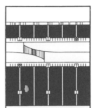

planta cota + 20.00/
level + 20.00 plan

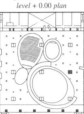

planta cota + -1.00/
level + -1.00 plan

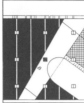

planta cota + 4.00/
level + 4.00 plan

planta cota + 9.00/
level + 9.00 plan

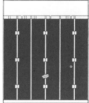

planta cota + 14.00/
level + 14.00 plan

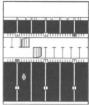

planta cota + 19.00/
level + 19.00 plan

planta cota + -2.00/
level + -2.00 plan

planta cota + 3.00/
level + 3.00 plan

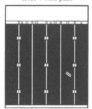

planta cota + 8.00/
level + 8.00 plan

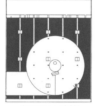

planta cota + 13.00/
level + 13.00 plan

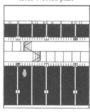

planta cota + 18.00/
level + 18.00 plan

planta cota + -3.00/
level + -3.00 plan

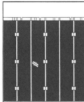

planta cota + 2.00/
level + 2.00 plan

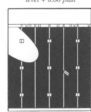

planta cota + 7.00/
level + 7.00 plan

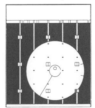

planta cota + 12.00/
level + 12.00 plan

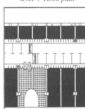

planta cota + 17.00/
level + 17.00 plan

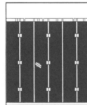

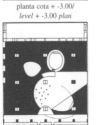

planta cota + -4.00/
level + -4.00 plan

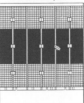

planta cota + 1.00/
level + 1.00 plan

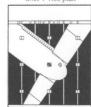

planta cota + 6.00/
level + 6.00 plan

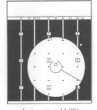

planta cota + 11.00/
level + 11.00 plan

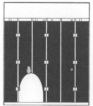

planta cota + 16.00/
level + 16.00 plan

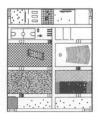

planta de cubiertas /
Roof plan

図と地

この図はフランスの国立図書館のコンペ案である。設計者は図書館全体を、書庫と、機能的に大きな空間が必要な部分とに分け、まず書庫の部分をおよそ80m×80m×100mの書物の詰まった大きな固まり（ヴォリューム）として設定した。そして、そこにまるでロックホールチーズの穴のように、必要とされる空間をくり抜いていった。平面図の黒い部分は収蔵庫、白い部分はホールなどの大空間である。どういった形の空間かは、何枚かの平面図をセットにしないとわからない。基準となる階層がないので、左図のそれぞれにはGLからの高さが記入されている。また、このかたまりを縦方向に切るか、横方向に切るかが断面図と平面図の違いなので、図柄としてどちらも同じにみえる。平面を考え、それに高さを与えていく設計の方法と異なり、まず全体を三次元的に捉えている点で非常にユニークだ。設計のプロセスを変更させることで、いままで考えてもみない答えがみいだせるという一つの好例である。

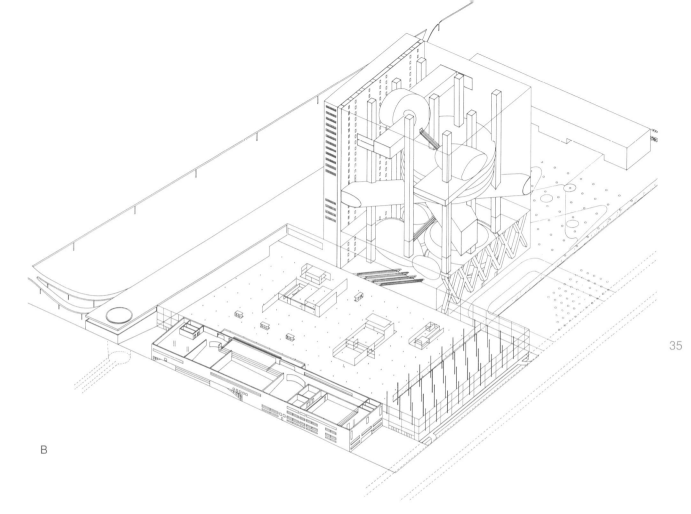

B

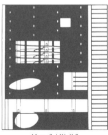

Muro 2 / Wall 2

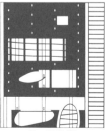

Muro 3 / Wall 3

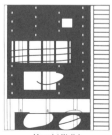

Muro 4 / Wall 4

A

平面
図

6

中野本町の家

縮尺＝1/100

■

伊東豊雄
1976
東京

■

A： 　　　平面図
B−C： 　　　断面図
　　　縮尺＝1/200
D： 　　　外観写真
E： 　　　内観写真

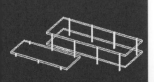

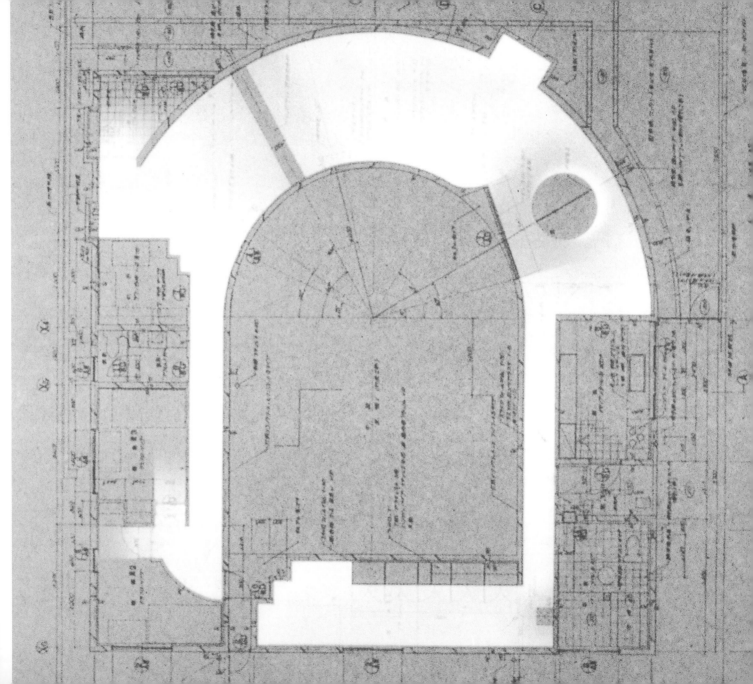

光のかたち

基本的に平面図では、その建築を構成するいくつもの場所の相互関係を表現する。

この住宅の内部スペースは全体が流動的に連続していて、明快に区切られた「場所」は存在しない。その連続したスペースの中に、限定的に設けられた開口部から光が取り入れられたり、あるいはモルフェームとよばれる雁行する壁のようなエレメントが配置されることによって、いくつかの「場所」が浮かび上がってくる。それらの場所ははっきりとした境界をもたない。

この図では、濃いブルーの用紙に平面図が黒く描かれ、その上に光のようすが明るい色のエアーブラシで重ねられる。流動的につながるスペースの中にいくつかの場所が浮かび上がるようすが、少しづつ明るさを変えながら連続する「光のかたち」として描き出されているのだ。

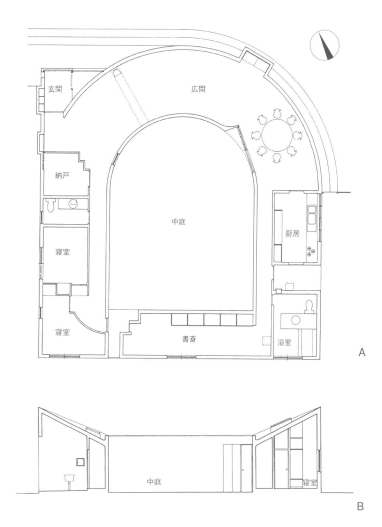

A

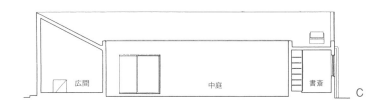

B

C

D

E

平面図

7

ユダヤ・
ミュージアム

縮尺＝1/600

■

ダニエル・リベスキンド
1998
ベルリン

■

A−B： 断面図
縮尺＝1/1000
C： 外観写真
D： 内観写真

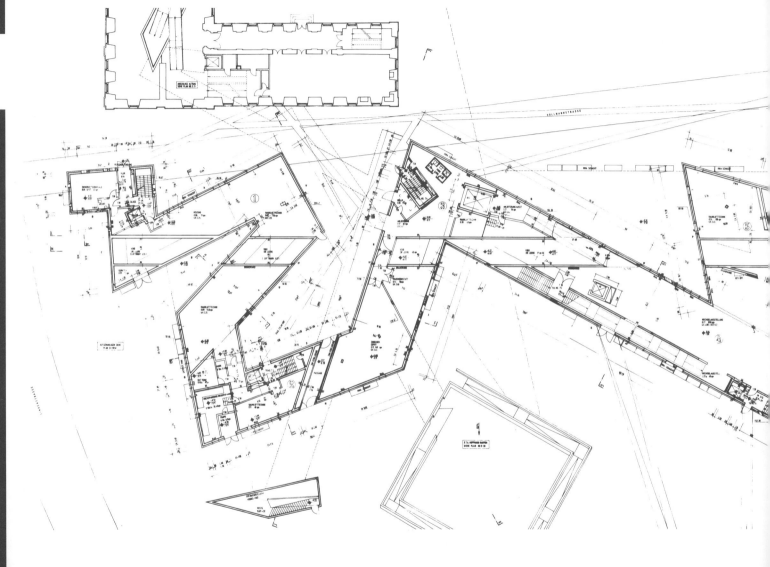

二本の線の間に

この建物はベルリンのナチス収容所の跡地に建設された。隣の建物の地下からアプローチするこのミュージアムは、折れ曲がった平行な二枚の壁の間に、動線に沿って上昇する階段を中心に構成されている。開口部は、ユダヤ教の十字の形や細長い単純な矩形のモチーフによってつくられている。博物館の見学者は、展示物とともに、このホロコーストの深淵になぞらえられた空間を体験するだろう。空間を一気に変化させるために、この折れ曲がる空間は非常に有効である。地図の中に記されてもすぐ認識できるジグザグの形態は、通常の建物のスケールを超え、都市において東と西、名前と名前、場所と場所の接続点として深く記憶される。

C

D

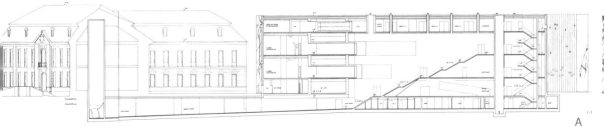

A

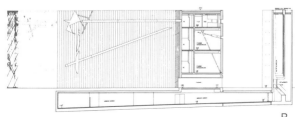

B

平面図表示記号例

縮尺：1/100（樹木除く）

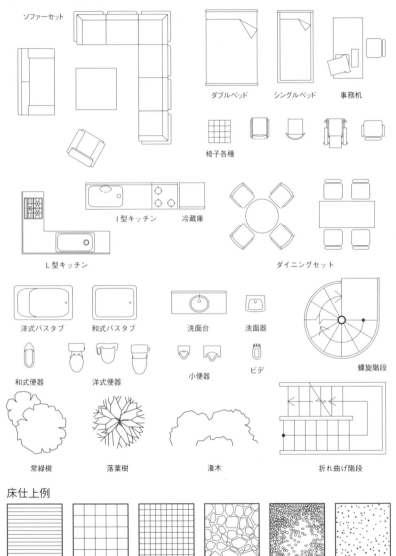

ソファーセット

ダブルベッド　シングルベッド　事務机

椅子各種

I 型キッチン　冷蔵庫

L 型キッチン　ダイニングセット

洋式バスタブ　和式バスタブ　洗面台　洗面器

螺旋階段

和式便器　洋式便器　小便器　ビデ

常緑樹　落葉樹　潅木　折れ曲げ階段

床仕上例

フローリング張り　Pタイル張り　タイル張り　石張り　砂利敷　モルタル塗り

壁・柱等表記一覧

表示事項 ＼ 縮尺	1/200〜1/100程度	1/50〜1/20程度
壁一般		
鉄筋コンクリート		3本
軽量壁一般		2本
普通ブロック壁 軽量ブロック壁		
鉄骨		
木材及び 木造壁	真壁造　菅柱　片ふた柱　通し柱　大壁造　（柱を区別しない場合）	化粧材　構造材　補助構造材

開口部表記一覧

出入口一般

引違い戸

片引き戸

片開き戸

両開き戸

折れ戸

回転扉

自由扉

引違い窓（腰壁有）

両開き窓（腰壁有）

辷出し窓・回転窓等

上げ下げ窓

シャッター

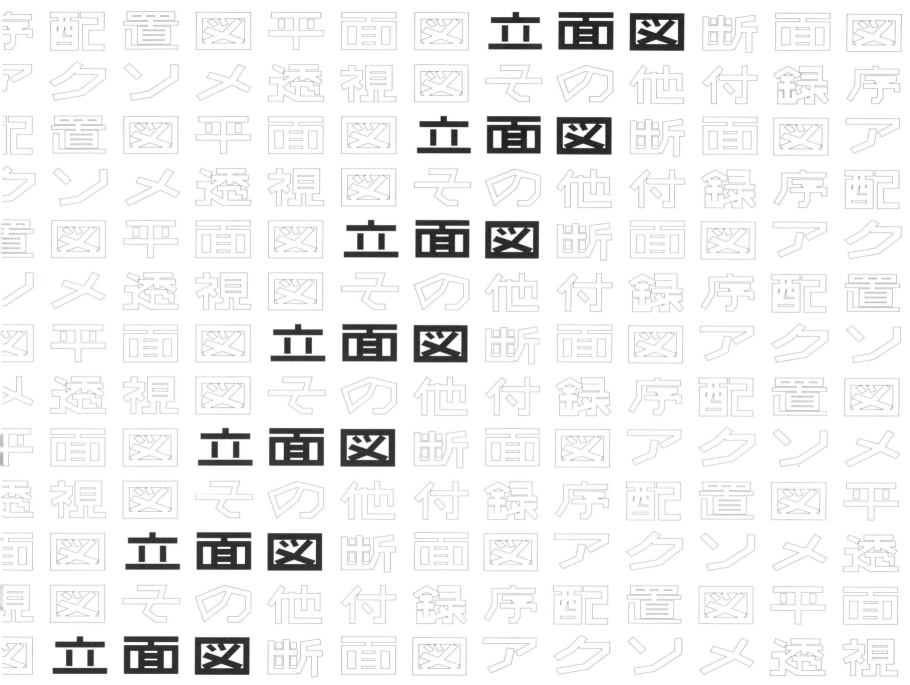

立面図

I

織陣 I

縮尺＝1/100

■

高松伸
1981
京都

■

A： 1階平面図
B： 2階平面図
縮尺＝1/200

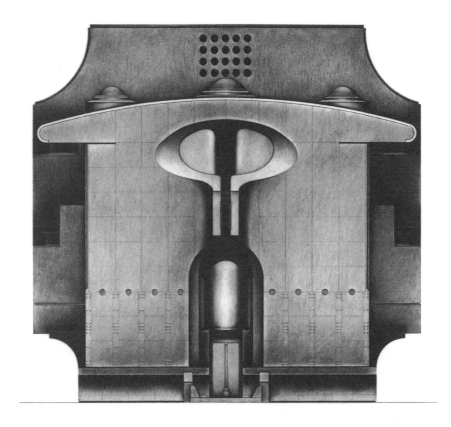

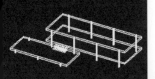

濃厚

これは小規模な事務所の立面である。このドローイングのために、9Hから6Bの鉛筆が、硬い順番に下地造りから仕上へと使われているという。鉛筆という非常に身近な材料を使って、光や影、あるいはそのグラデーションで金属的な表現を可能にしている。設計者は、こうした手法による図面をシリーズのように繰り返すことによって、ドローイングのオリジナリティーを極めている。最近ではCGの発達とともに、このように手の跡が残るドローイングはあまりみかけない。しかし、誰が描いても同じにみえるコンピュータの表現に飽きた目には、このドローイングのもつ濃厚さがかえって新鮮に映り、新たな表現の可能性を感じることができる。

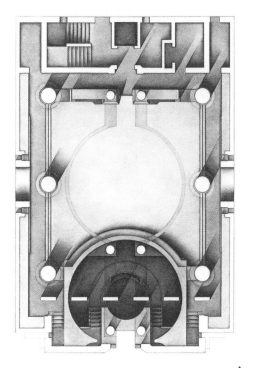

A

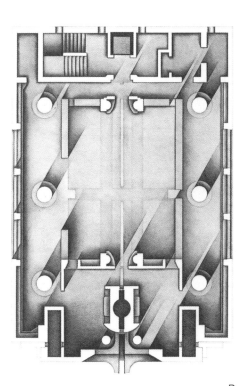

B

立面図

2

シグナルボックス

縮尺＝1/200

■

ジャック・ヘルツォーク＆
ピエール・ド・ムロン
1985
バーゼル

■

A：　　屋上階平面図
B：　　5階平面図
C：　　基準階平面図
D：　　1階平面図
E-F：　　断面図
縮尺＝1/600
G：　　外観写真

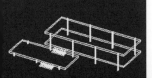

影

この建物はスイス、バーゼルに
ある鉄道のシグナルボックスで
ある。建物の表面はすべて20
センチの幅の銅板の単一素材で
まかれている。左図で線の太く
なっている部分は、必要に応じ
て銅板の下部をめくり上げた開
口部の影だ。実際には地上5層
の建物であるが、まったく階数
がわかるような表現はなく、一
つのヴォリュームのランドマーク
となっている。設計者は、シグ
ナルボックスの内部が磁気的に
もっとも安定するよう、コイル
のようなこの外壁を選んだと説
明するが、そうした機能を超え
て、建築としての表現をより強
固なものにしようとする強い意
志を感じずにはいられない。

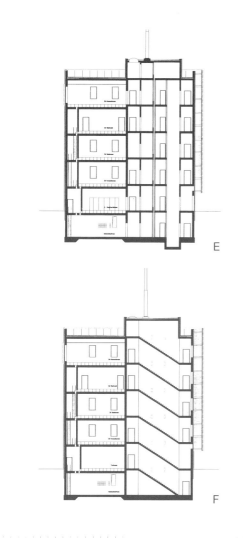

E

F

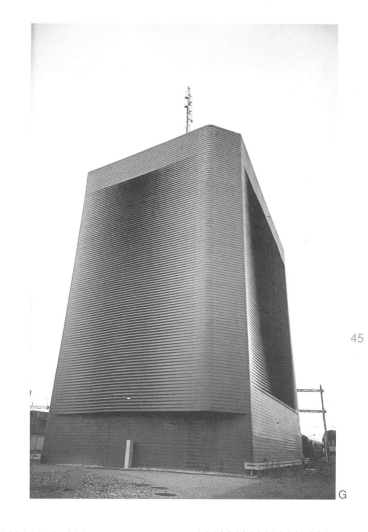

G

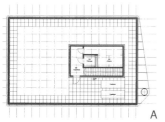

A

B

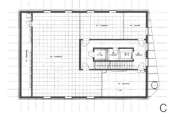

C

D

3

ギャラリー・
ラファイエット

縮尺＝1/300

■

ジャン・ヌーヴェル
1996
ベルリン

■

A： 8階平面図
B： 5階平面図
C： 1階平面図
D： 断面図
縮尺＝1/2000
E： 外観写真
F-G： 内観写真

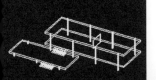

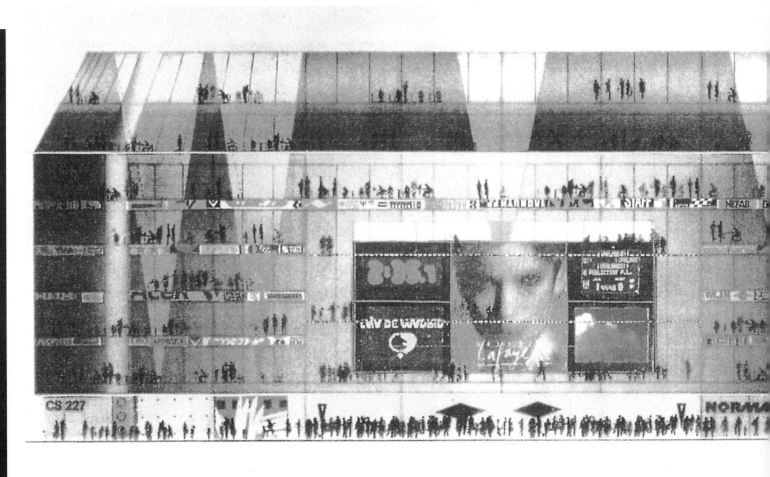

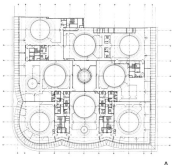

情報のかたまり

都市に建つ大型百貨店を、大量の情報を詰め込んだ固まりとしてイメージしている。建物の内部・外部の表面が商品のイメージや百貨店のメッセージによって覆い尽くされ、その結果としてモノリシックで真っ黒なかたまりとして出現することとなった。百貨店に関わるありとあらゆる情報が建物に投入されているのだ。建物内部では、ミラーガラスで覆われた逆円錐形の吹抜部分を商品のロゴマークや売場案内が埋め尽くし、外部では壁面に巨大な電光掲示板やネオンの文字が貼りつけられる。この立面図では、商品のロゴマークや電光掲示板部分にグラビアがコラージュされ、内部にある逆円錐の吹抜部分がシルエットとして表現されている。建築によってつくられるのは建物の外形線だけで、建物としてのたたずまいは大量のサインや掲示板や訪れる買い物客たちによってつくりだされるというアイデアが、表現されている。

A

E

B

F

G

C

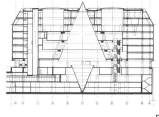

D

立面図 4

ヤマト
インターナショナル

縮尺＝1/500

■

原広司
1987
東京

■

A： 8階平面図
B： 6階平面図
C： 2階平面図
D： 断面図
縮尺＝1/1000
E-F： 外観写真

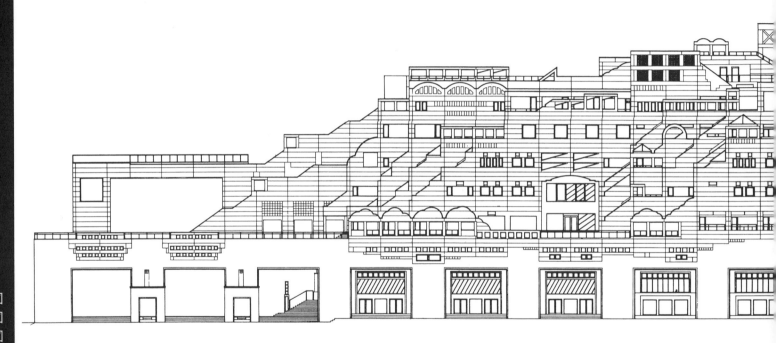

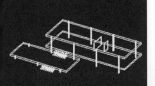

都市の風景

この建物で設計者は「多層構造」を建築の中につくり出すことによって、都市の風景の再記述を試みている。アルミプレートやガラスなどを張りわけて作られた都市の風景の「かきわり」が、8つの異なる面としてつくられ、重ね合わされる。こうしてつくられたファサードは130メートルもの長さにおよび、ファサードとしてのスケールを越え、ほとんどランドスケープに近い。この立面図では、8つの面のもつ奥行きは消され、単純にかきわりの線画のみがレイヤーとして重ね合わされている。立体感が表現されないことにより、重ね合わせでつくられているという印象がより強く表れ、このことによって建物のもつ虚構的なイメージが強調されているかのようだ。

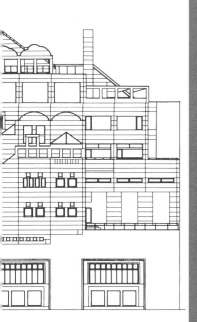

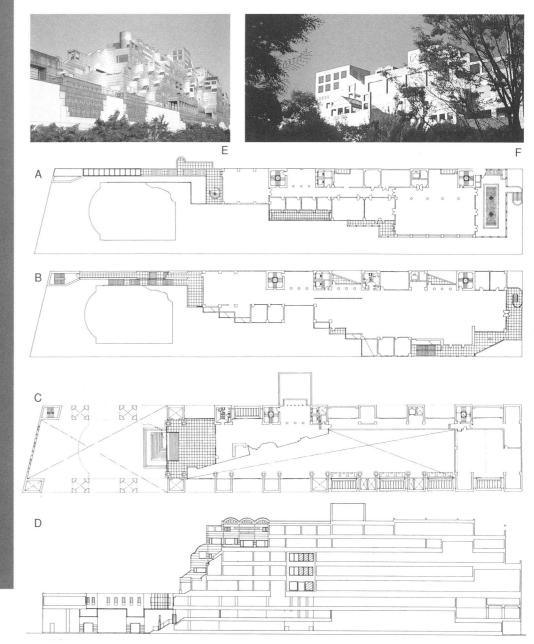

立面
図
5

フランクフルト・
スタディオ・
タワー

■

ピーター・クック
1984
フランクフルト

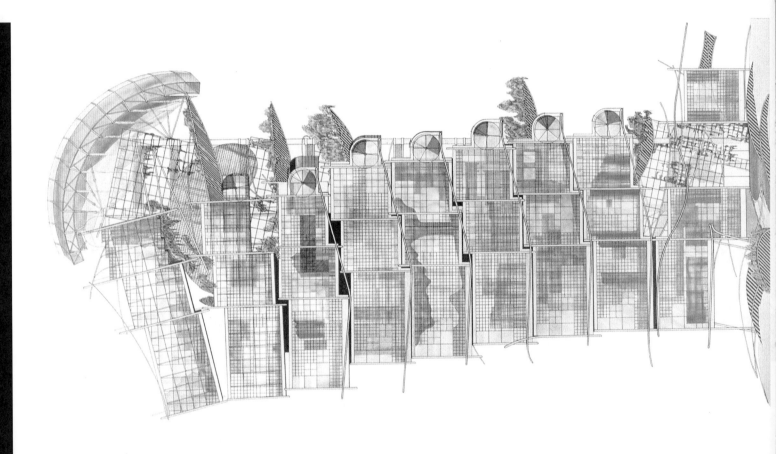

アンビルド

美しく彩色された立面図。各階は、構造か装飾かわからないような華奢なフレームに囲まれ、少しずつずれながら積み重ねられる。最上階は大きく傾き、呼応するように曲線の幌がかかる。円形の突出のいくつかの階には、植栽がさらに突き出している。

このようにさまざまな要素が描かれているが、全体に奥行きのある立体や重力に耐える構造、質量のある実体は感じられない。あくまでも、形や色によるイメージが描かれているだけだ。一般の図がもつ、対象となる実体としての建築をもたない〈図〉といえる。しかし、実体のみえない図だからこそ、コンセプトがより鮮明に表現できる。

ホンコン・ピーク

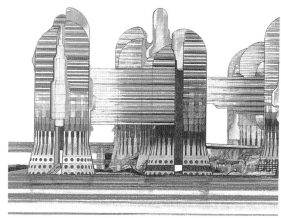

アルカディア：メッシュ・マーシュそして
トリックリング・タワー

スポンジ・ペインティング

リヴァー・タワー

51

立面図

6

ガルシュの家

縮尺＝1/200

■

ル・コルビュジエ
1928
パリ郊外

■

A： 3 階平面図
B： 屋上階平面図
C： 1 階平面図
D： 2 階平面図
縮尺＝1/400
E： 外観写真
F： スケッチ

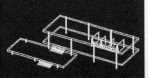

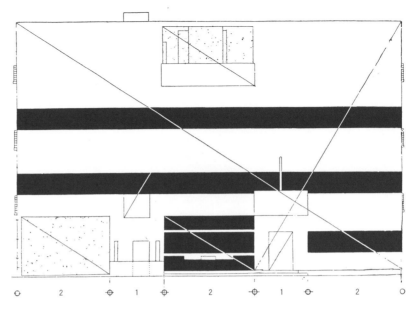

Le Corbusier-Garches-Villa stein de Monzie-192
ⒸFLC / ADAGP, Paris, & SPDA, Tokyo, 1999

A：B＝B：（A＋B）

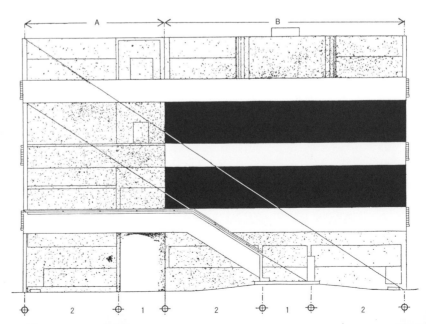

Le Corbusier-Garches-Villa stein de Monzie-19
ⒸFLC / ADAGP, Paris, & SPDA, Tokyo, 1999

プロポーション

立面を決定することは、建築の
デザインを考える上でもっとも
悩ましく、それだけにもっとも
楽しい作業である。コルビュジ
エでさえも、構造から独立した
カーテンウォールの立面を決定
するのに、度重なる試行錯誤を
繰り返さなければならなかっ
た。結果として単純な整数比と
黄金分割を利用したファサード
が完成した。この立面図に記さ
れた斜線はその痕跡である。ま
た、表現として、この建物の凹
凸のへこんだ部分（平面図でみ
るとわかるのだが）に影をつけ
たり、開口部を単純化している。
そのことで、それぞれの構成が
よりはっきりしている。忘れて
はならないのは、このような魅
力的な立面は、立面だけの検討
でつくられるのではなく、平面
との度重なるフィードバックが
あってこそである。

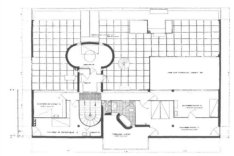

A

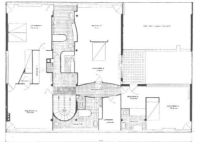

B

E

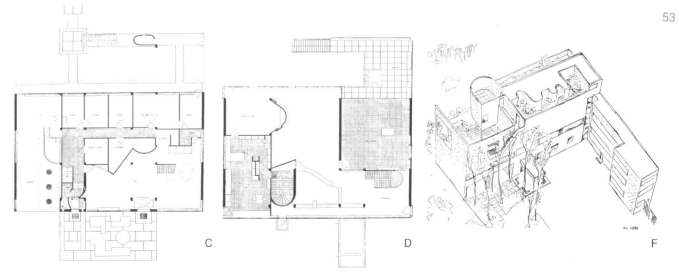

C

D

F

立面図

7

ブラント・
ハウス

縮尺＝1/100

ロバート・
ヴェンチューリ
1971
アメリカ

A：　　2 階平面図
B：　　1 階平面図
C：　　外観写真
　　縮尺＝1/300

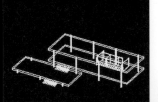

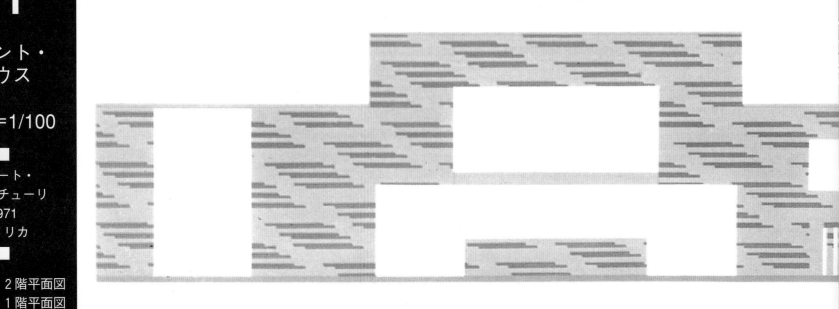

表皮

湾曲した壁面をまっすぐにのば
し、開口部などをすべて省略し
て、壁面のパターンのみを平面
的に描いた立面図。

これによって、壁面のタイルで
つくられるパターンの美しさと
外形（シルエット）が強調され
る。

また、この壁面はサッシュも含
めてプレーンにつくられ、立体
の一部というよりは、ただ一枚
の面（表皮）のように設計され
ているが、その雰囲気もこの単
純な立面によって表現できる。
単に立体を一方向から投影した
結果ではなく、この壁の表面が
重要なのだと、この図は伝えて
いる。

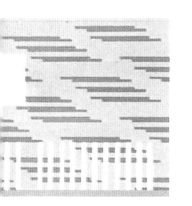

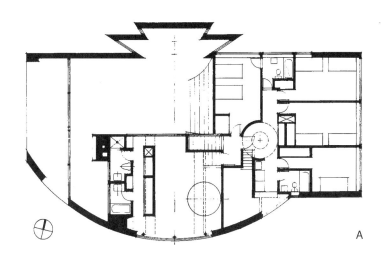

A

C

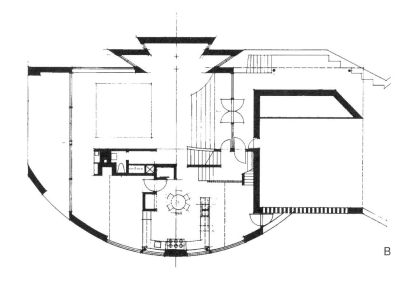

B

立面図表示記号例

車両

    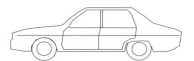

人

樹木

   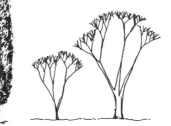

開口部表記一覧

出入口一般		
引違い戸		
片引き戸		
片開き戸		
両開き戸		
折れ戸		
引違い窓		
両開き窓		
上出し窓		
外倒し窓		
横軸回転窓		
上げ下げ窓		
シャッター		

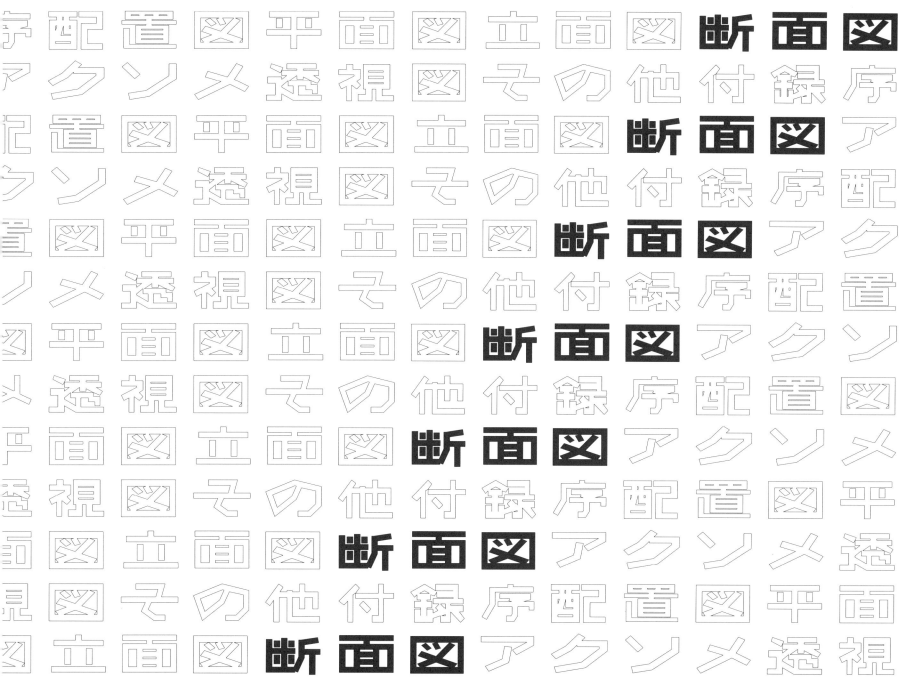

断面図

I

東京都庁舎
コンペ案

縮尺＝1/1500

■

磯崎新
1986
東京

■

A： 立面図
B： 断面図
C： 平面図
D： 配置図

縮尺＝1/4000

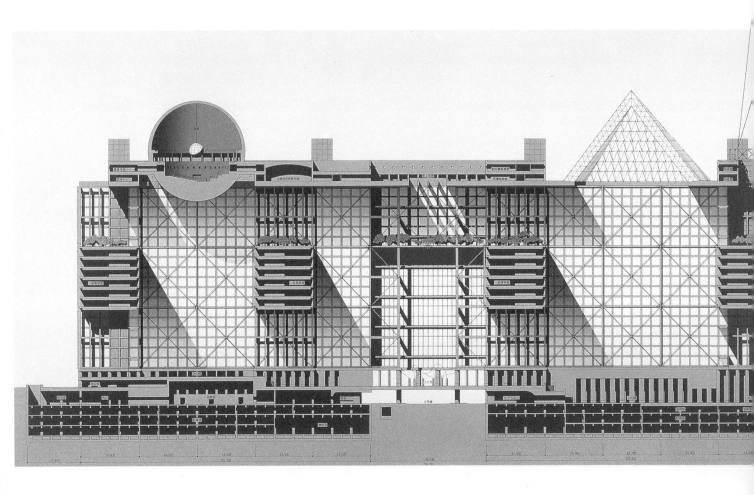

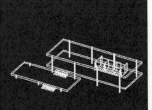

奥行き・厚み・存在感

シャープな陰影によって、2次元の図に3次元的な立体感を付加している。このコンペ応募案は、平面図・立面図から配置図にいたるまですべてにこの手法が用いられている。

しかしこの表現は、単に立体感を表わすことにとどまっている訳ではない。この表現からは、素材や色彩は違っても、ヨーロッパ近代以前の図（下）と共通する雰囲気が伝わってくるのを感じる。

この図の陰影によって付加されるのは、立体感だけではなく、図のテクスチャなども手伝って、そこに質量のある実体の存在をも感じさせている。この存在感は、幾何学形態によって構築される建築の自立性とも無関係ではなく、さらにその象徴性を裏打ちするようにも働いている。

C. N. ルドゥーの断面図（18世紀）

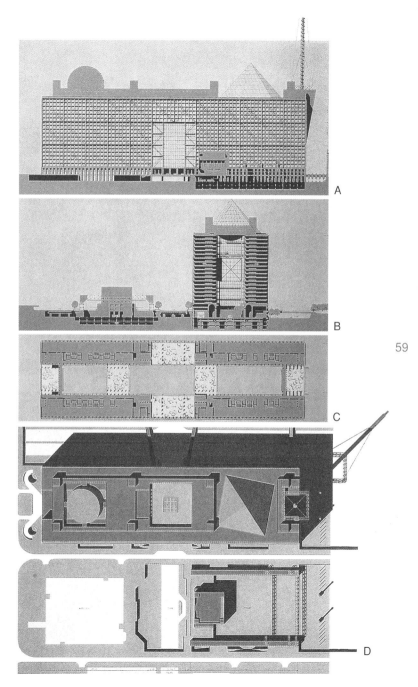

A

B

C

D

断面図

2

上原曲り道
の住宅

縮尺＝1/100

■

篠原一男
1978
東京

■

A： 地階平面図
B： 1 階平面図
C： 2 階平面図
縮尺＝1/200
D： 外観写真

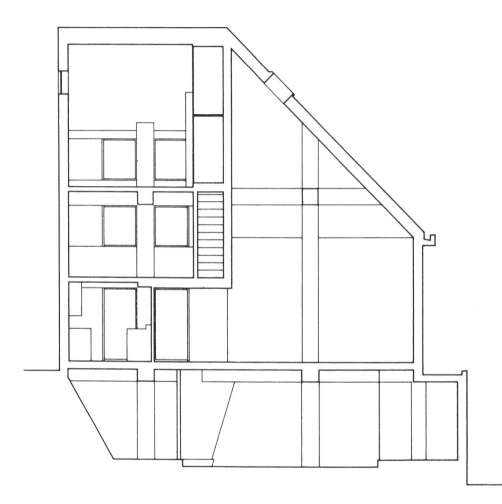

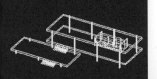

構造と空間

構造はRC造、地下1階地上3階建ての住宅である。地上部の大きな空間に寝室群が吊り下げられていること、また柱と梁による架構がその空間の内部を横断していることがよくわかる。表現上かなり線自体の数は少ないが、断面線を太く、その向こうにみえるみえがかり線は細線で描くという、図面におけるもっとも基本のルールを遵守することで図の情報を網羅している。また、パラペットの立上りやスラブ・壁の厚さなど、建築のディテールを省略しないことで、図が単なる空間の図式としてのあらわれではなく、より実体としての建築のリアリティーを確保している。

D

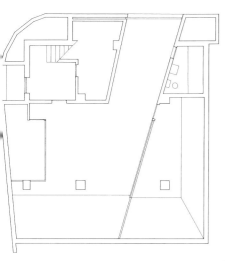

A

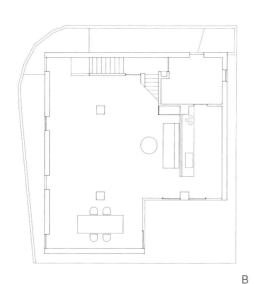

B

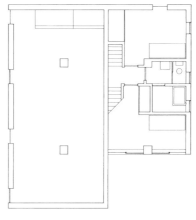

C

断面図

3

軽井沢の
山荘

縮尺＝1/60

■

吉村順三
1962
軽井沢

■

A： 1階平面図
B： 2階平面図
C： 3階平面図
D： 屋上階平面図
　　縮尺＝1/200
E： 外観写真

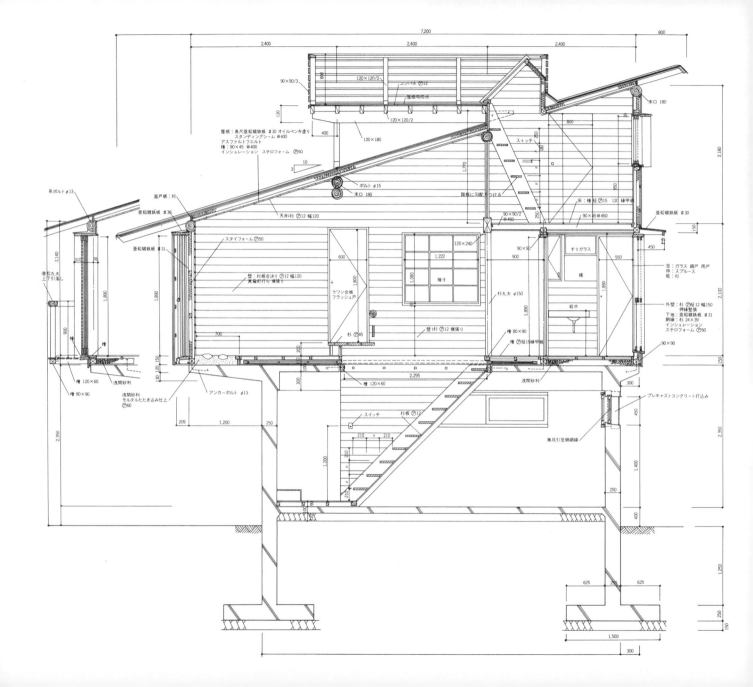

快適さの性能

まずこの図で目につくのは、断面形におけるプロポーションの美しさであろう。RC造のキャンティレバーの高床の上に、片流れ屋根で覆われた木造の居住空間がのせられており、その軽さと単純さがこの山荘の快適性をすでに物語っている。

屋根勾配によって高くなった部分は二層とし、屋根裏部屋からさらに屋上の露台に上がれるようになっている。それはこの小さな建物の断面形において、無駄なく空間を利用しようとすること以上に、より多くの場を設けて自然の中にさまざまな視点をもちたいという設計のモチベーションそのものによる。

またこの図に描かれた詳細部分から、このプロポーションを裏付けるスケールやさまざまな創意工夫など、この建物における「快適さの性能」を読み取ることも大切で、そこからは物づくりの楽しさがしだいに伝わってくる。

E

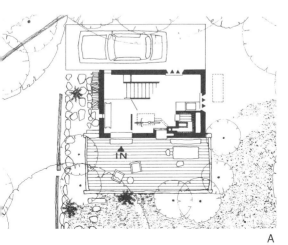

A

B

C

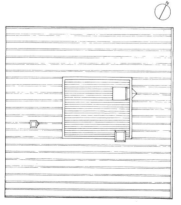

D

断面図

4

関西国際空港
旅客ターミナルビル

縮尺＝1/800

■

レンゾ・ピアノ＋
岡部憲明
1994
大阪

■

A： 外観写真
B： 内観写真
C： スケッチ

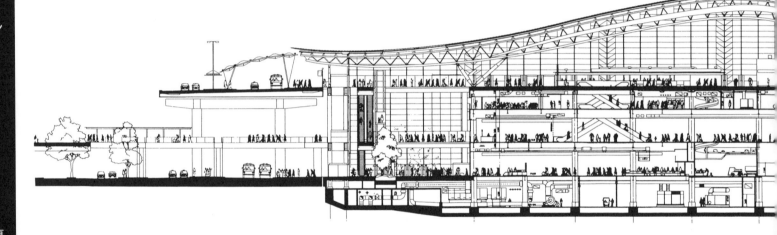

ヒューマンスケール

ピアノは建築を設計する場合、大きなスケールと小さなスケールの両方からスタディを進めるという。大きなスケールではディテールを、小さなスケールでは全体計画を扱い、その間を行ったり来たりすることで一つのプロジェクトを収斂させていく。いっけん、水準の違う状態を同時に扱うことは混乱を招きそうではあるが、逆に大きな全体を考えているときに、ともすれば忘れがちになる人間的なスケール感についてより敏

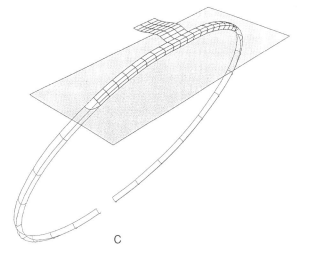

A

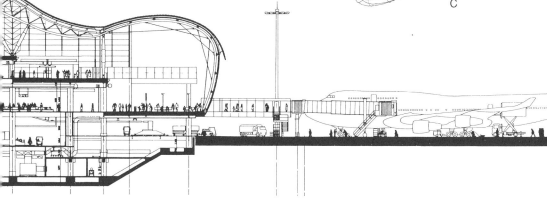

C

感でいられる。空港のロビーのあらゆる場所に人が書き加えられた断面図からも、そうしたピアノの配慮をうかがい知ることができる。この表現によって、それぞれの場所がどういう活動の場であるか示すとともに、大きな屋根を支えるストラクチュアのスケールが、実際に建物ができたときどのように認識されるかをチェックすることもできるのだ。

B

断面図

5

横浜港
国際客船
ターミナル

縮尺＝1/2000

■

アレッハンドロ・ザエラ・ポロ＋
ファシッド・ムサヴィ

1995
横浜

■

A–F：内外観透視図

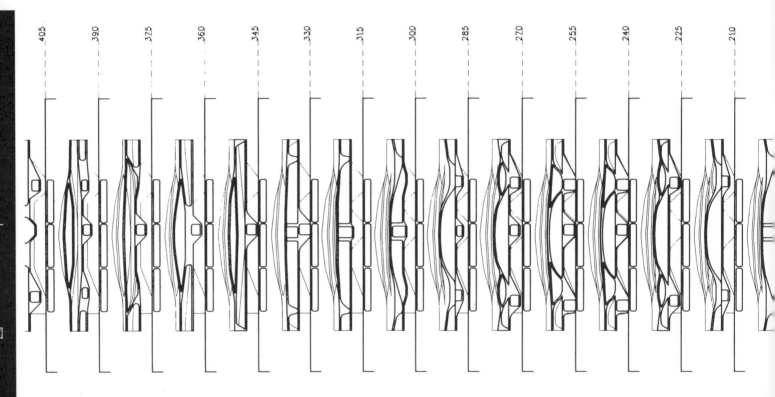

405　390　375　360　345　330　315　300　285　270　255　240　225　210

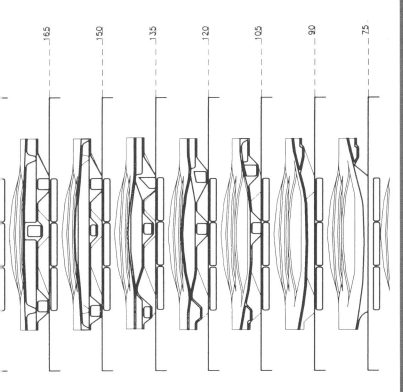

165　150　135　120　105　90　75

CTスキャン

多くの建物は、平らな床を積み重ねてつくられる。この方法は、平面図を使って建物を説明するという図面表現の形式にとてもよく合う。それとは逆に、この客船ターミナルのような計画になると、平面図だけではとうてい説明できない。この計画では、人々が通過していく流動的な庭のような場所というイメージが、そのままかたちに置き換えられている。つまり、床であり壁であり屋根でもあるプレートを3次元的にねじり、連続的に変化する内部空間がつくりだされているのだ。そこで彼らの採った表現方法の1つは、CTスキャンのように多量の断面図を並べるというものだ。全長およそ500メートルを15メートルごとに切断した断面図が並べられている。それらを垂直に立て等間隔に並んでいる状態を想像することで、この建物の姿を立体的にイメージできる。

A

B

C

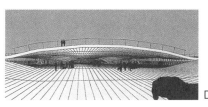

D

E

F

断面図

6

ハーレン・
ジードルンク

縮尺＝1/300

■

アトリエ5
1961
ベルン

■

A： 配置図
縮尺＝1/2000
B： 断面図
C： 3階平面図
D： 2階平面図
E： 1階平面図
縮尺＝1/500

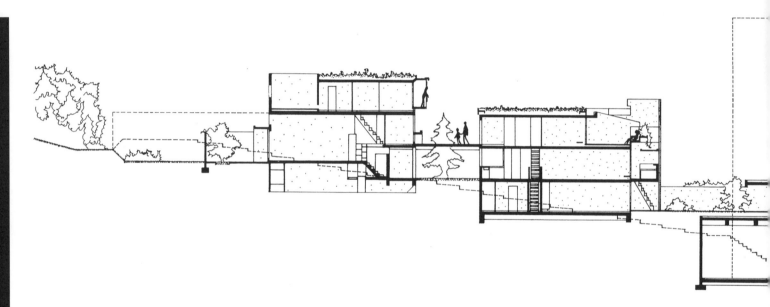

断面計画

設計者は緑豊かな周辺の環境を可能な限り広く残すために、建物を集約的にまとめて配置している。集約的でありながらも、すべての部屋がそれぞれ外のコートに面することができ、さらに部屋相互のプライバシーをも十分に確保できるような構成をつくり出すため、斜面であるという敷地形状を生かしながら、断面的な部屋の配置計画に細心の注意がはらわれている。図面は最小限の情報のみが描き込まれた正統的なものであるが、内部と外部が同じような密度で描かれていることからも、外部空間を含んだ敷地全体の中で建築を考えていることがうかがえる。配置図から読みとれる建

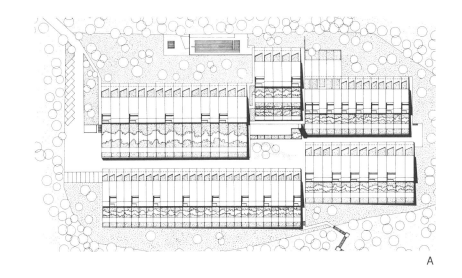

A

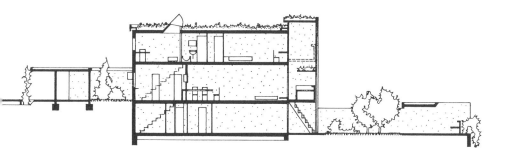

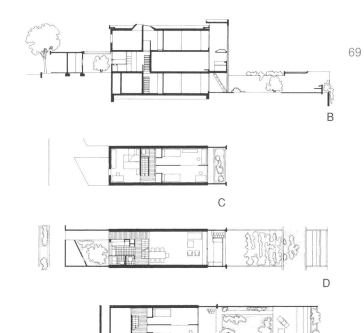

B

C

D

E

物全体のブロックプランは非常にドライでシステマティックな印象が伝わってくるが、断面図を含んだ図面全体からは、その端正さも手伝ってか、建物全体としての心地よさが伝わってくる。

断面図

7

せんだい
メディアテーク

縮尺＝1/300

■

伊東豊雄
1996
仙台

■

A ： 5階平面図
B ： 6階平面図
C ： 7階平面図
D ： 屋根伏図
E ： 1階平面図
F ： 2階平面図
G ： 3階平面図
H ： 4階平面図
I ： 地階平面図
J ： 断面図
K ： 立面図
縮尺＝1/1500

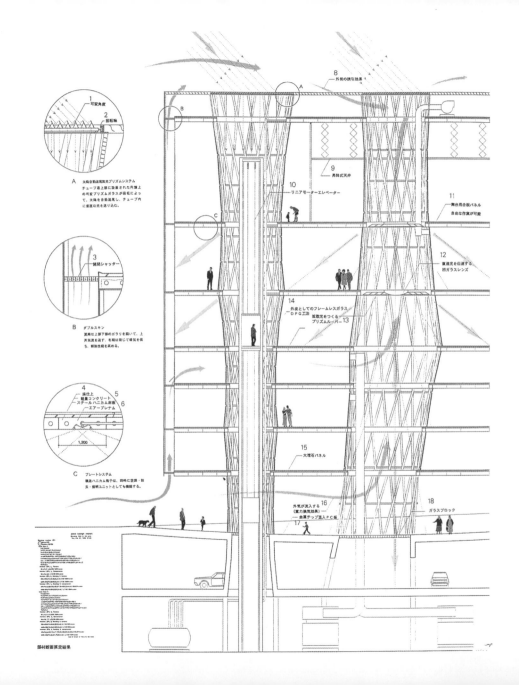

テクノロジカルなシステム

利用可能なテクノロジーを100％駆使した、柱と梁のない新しいドミノシステムが提案されている。網タイツ状の柱の中は、縦動線、採光のための光庭、あるいは設備のためのパイプスペースなどとして利用される。この、たくさんの機能が満載された柱とは対照的に、床板は大半の設備から開放され最低限の厚さしか持たない。通常の柱と梁とで構成される空間の作り方が、経済的でかつ自由な内部空間の分節を可能にする「構造」のシステムであったのに対し、ここで提案されているのは設備、動線、採光などを含めた「より広範な条件を技術で解決する」ためのシステムである。この断面詳細図では、具体的な提案内容やその仕組みがイラスト付で説明されており、計画の特徴がよくわかる。

A

B

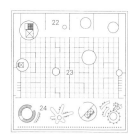

C

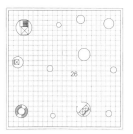

D

E

F

G

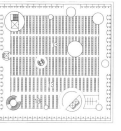

H

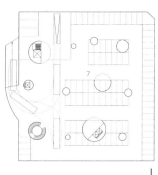

I

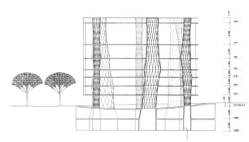

J

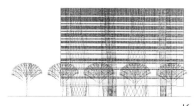

K

断面図表示記号例

人　縮尺＝1/100

端部表記例　縮尺＝1/100

フラットルーフ パラペット廻り1（水下）

フラットルーフ パラペット廻り2（水上）
笠木

フラットルーフ パラペット廻り3（水上）

塔屋壁立上り

RC造軒先廻り1

RC造軒先廻り2

RC造庇廻り3

RC造軒先廻り4

木造軒先廻り1

木造軒先廻り2

木造軒先廻り3

木造軒先廻り4

掃き出し窓下端
ベランダ床　　居室床

玄関扉下端
玄関床

木造ベランダ

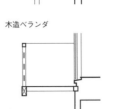

螺旋階段例（鉄骨造）　縮尺＝1/50

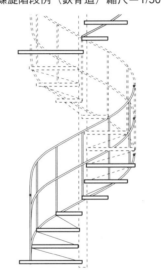

折曲げ階段例（鉄骨造）　縮尺＝1/100

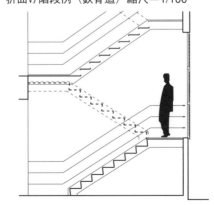

開口部表記一覧

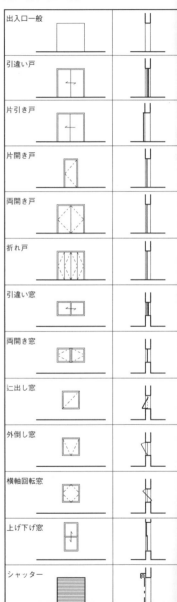

出入口一般		
引違い戸		
片引き戸		
片開き戸		
両開き戸		
折れ戸		
引違い窓		
両開き窓		
辷り出し窓		
外倒し窓		
横軸回転窓		
上げ下げ窓		
シャッター		

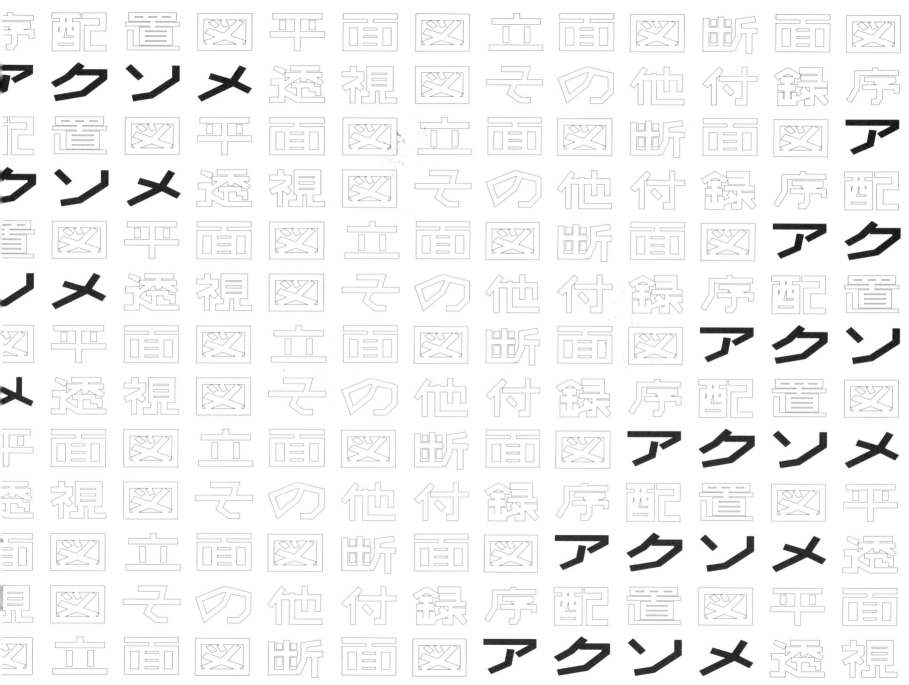

アクソメ
図

Ⅰ

シュローダー邸

■

ヘリット・トーマス・リートフェルト
1924
ユトレヒト

■

A： 2階平面図
（パーティション閉鎖時）
B： 2階平面図
C： 1階平面図
縮尺＝1/200
D： 外観写真
E： 内観透視図

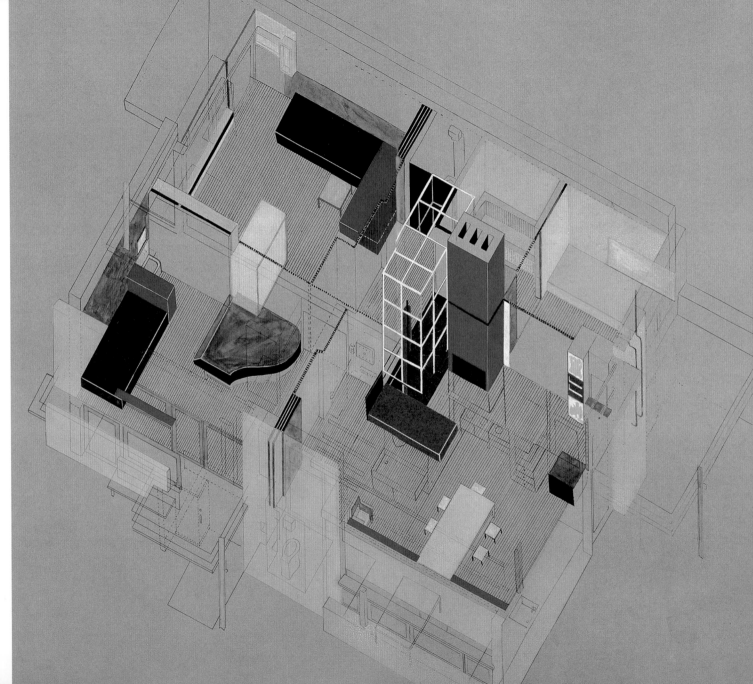

色のコンポジション

このアクソメ図においてまず目につくのは、家具や壁などに施された「色のコンポジション」であろう。彩色された家具の配置によって、同一平面上の一体空間の中にさまざまな場所が意識され、それらの場所が可動式の建具によって柔らかく分節されるようすがみてとれる。

設計者はこの住宅において、家具や建具・照明器具を含め、つくり得る全てのものを単純な幾何形態を用いてデザインし、そこに色彩を与えて建築全体を統合しようと試みた。この図に描かれた「色のコンポジション」はその意図を模式的に表現するもので、当時オランダで展開していた前衛芸術運動「デ・スティール」の表現手法が色濃く反映されている。

BEELDRECHT, Amsterdam & SPDA, Tokyo, 1998

A

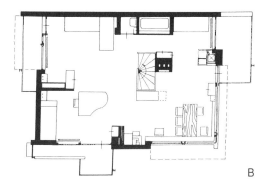

B

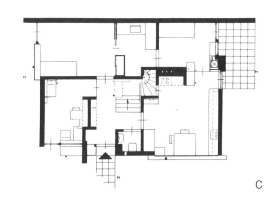

C

D

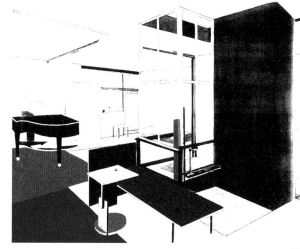

E

図

2

南湖の家

■

坂本一成
1978
神奈川県

■

A： 2階平面図
B： 1階平面図
C-D： 断面図
縮尺＝1/150
E： 外観写真

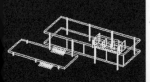

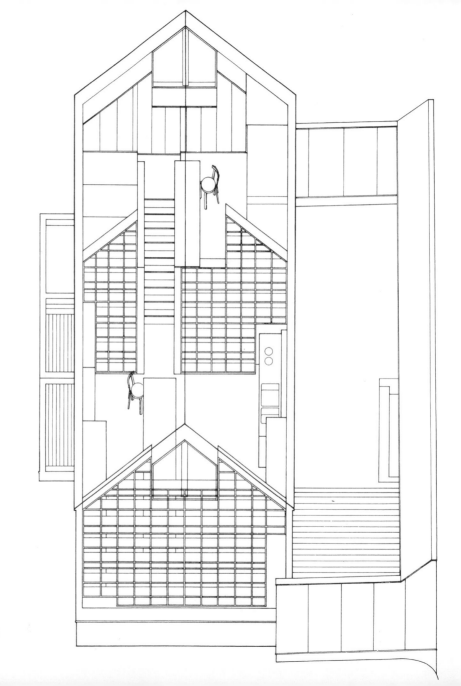

家具でつくるインテリア

1つの建物をある視点またはある方向からみたとき、建物全体の意匠や構成がそこに明快にあらわれてくる場合がある。図面を描くこととはそうした視点を見い出す作業であるともいえる。この住宅の特徴は、全体が〈棚〉と化した内壁と、長屋門のようなファサードのつくりかたにある。主室とよばれる吹き抜けのメインルームにおいて、家型断面である東西面全体と、南北面の上部は、すべてグリッド状の合板棚によって覆いつくされている。また、外室とよばれる前庭では、道路に沿って設けられた外部収納を兼ねる塀、地面の段差、および建物の南外壁面などを要素として、閉鎖的な外部スペースがつくられている。主室と外室のこうした対比は建物の内部と外部のあいだに新鮮な関係を現象させている。

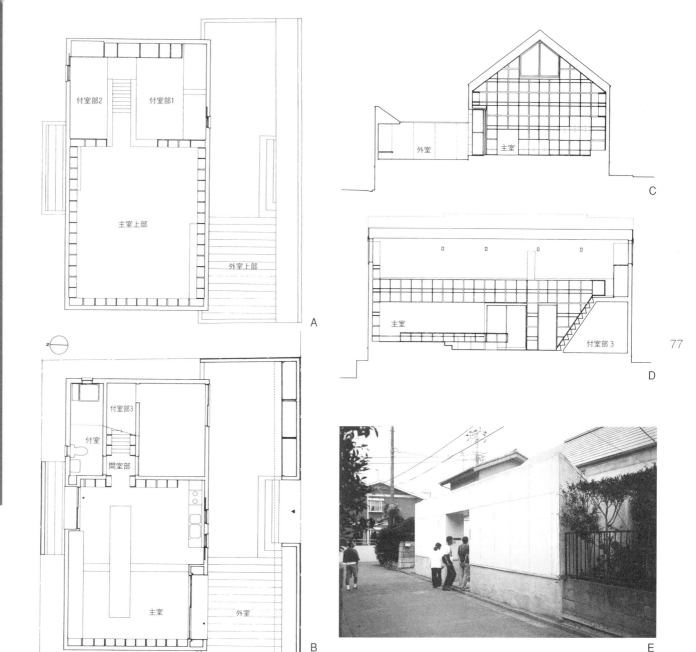

付室部2　付室部1

主室上部

外室上部

A

付室部3

付室

間室部

主室　外室

B

外室　主室

C

主室

付室部 3

D

E

アクソメ

図

3

富士見
カントリー・
クラブハウス

■

磯崎新
1974
大分県

■

Ａ： 見下げアクソメ

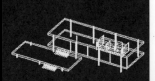

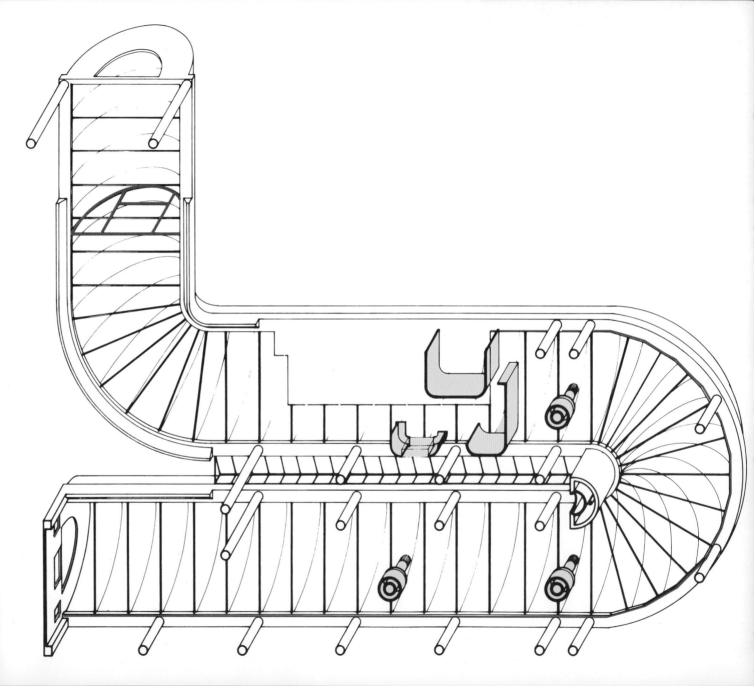

頭上の空間

見上げのアクソメ図は、床を透かして壁・天井をみているような不思議な視点をもった図だが、頭上がどのような空間で覆われているかを表現できる、数少ない図だ。

ここでは、彎曲したヴォールトが柱によって持ち上げられ、壁は構造と無関係に建てられている。そのため、ヴォールト下部に、広がる力に抗するタイバーが一定間隔で架けられているが、これが天井を消し、ヴォールトらしさは彎曲部と切断（妻）面でしかみえてこない。同様にヴォールトを使った「北九州市立中央図書館」（下）とはまったく異なった内部であることが、この図からよくわかる。見慣れない視点なので、しばしば混乱を招くが、見下げのアクソメ図とセットにしておくと解りやすい。

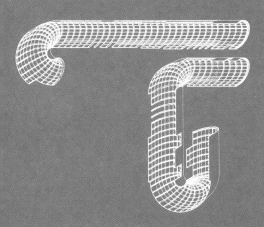

北九州市立中央図書館見上げアクソメ

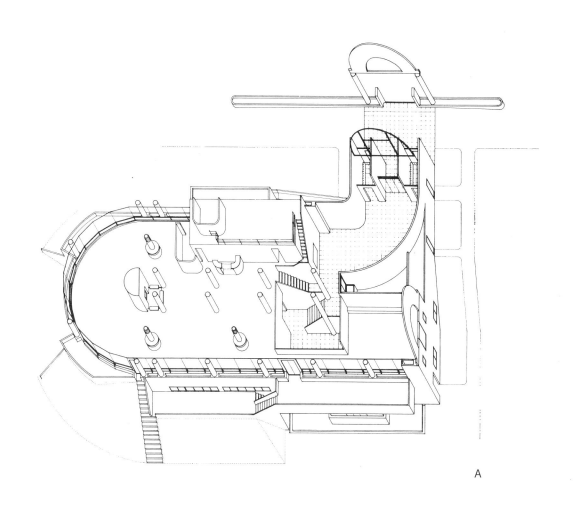

A

アクソメ

図

4

代官山
ヒルサイド
テラス

■

槇文彦
1969〜
東京

■

A：立面図（1〜5期）
B：　　立面図（6期）
　　　縮尺＝1/1000
C：　　　スケッチ

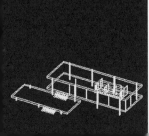

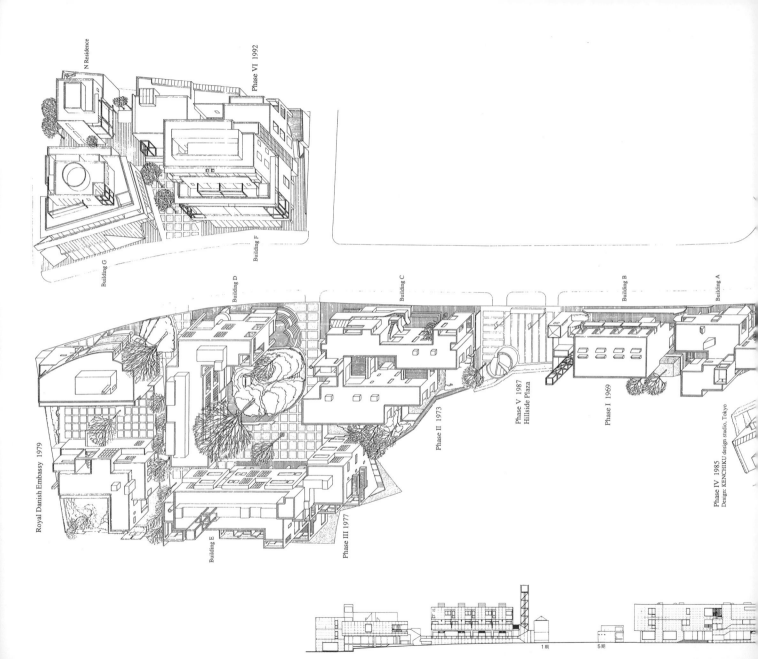

N Residence

Phase VI 1992

Building F

Building G

Building D

Building C

Building B

Building A

Phase V 1987
Hillside Plaza

Phase I 1969

Phase II 1973

Phase IV 1985
Design: KENCHIKU design studio, Tokyo

Royal Danish Embassy 1979

Building E

Phase III 1977

1期

5期

界隈

このようなアクソメ図は、平面が歪まないので、全体の関係・配置が的確に捉えられる。しかも右のような平面的な図と違い、アクソメ図として高さも同時に描いているため、建物同士や建物とオープンスペースとの立体的バランスや関係がいっけんしてみてとれる。また、道路を挟んで右と左で、高さ方向の立上げの向きが異なっているが、まったく不自然にはみえない。むしろ、それぞれに異なりながらも、統一感のある街路・街並みが形成されているのをみせるのに有効に働いている。

Annex Building B

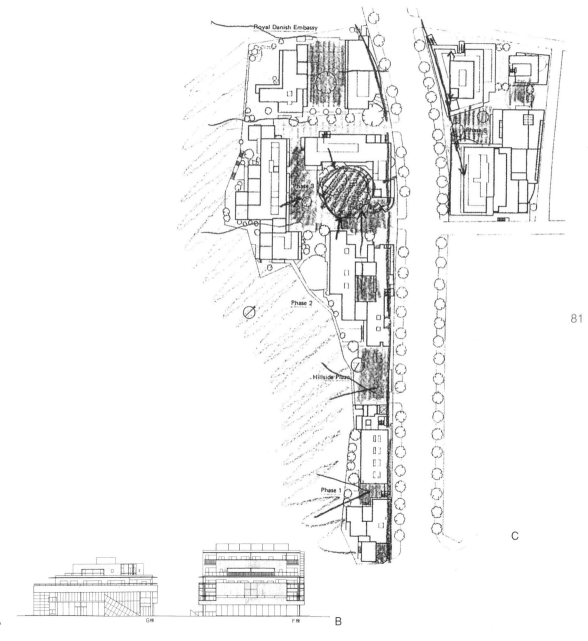

Royal Danish Embassy

Phase 3

Phase 2

Phase 5

Hillside Plaza

Phase 1

C

3期　　　　　デンマーク大使館　　A

G棟　　　　　F棟　　B

アクソメ

図

5

住宅III号

■

ピーター・アイゼンマン
1971
アメリカ

■

A： ダイヤグラム
B： スケッチ

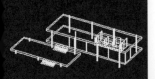

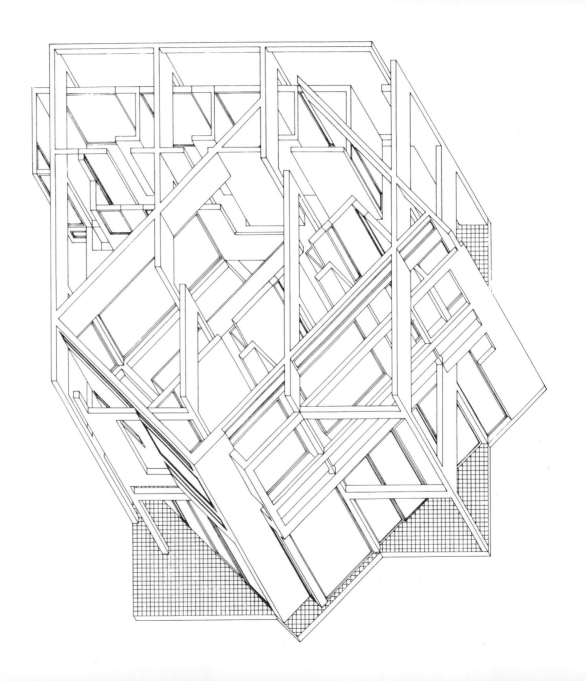

3次元的操作

住宅○号と名づけられた一連の住宅の1つである。

この住宅シリーズは、立方体から出発して、さまざまな操作が加えられるという設計が行われるが、アクソメ図を描くことによって、もとの立方体や、分割、重ね合わせ、切除、移動、回転などさまざまな操作が、実にわかりやすい。

またこのような設計によって生まれる、物の関係が表わすさまざまな表情、隙間として生じる緊張感のある空間が把握できる。

実際の視覚とは異なり、2次元と3次元の中間でより説明的なこの図が、有効な表現となる。

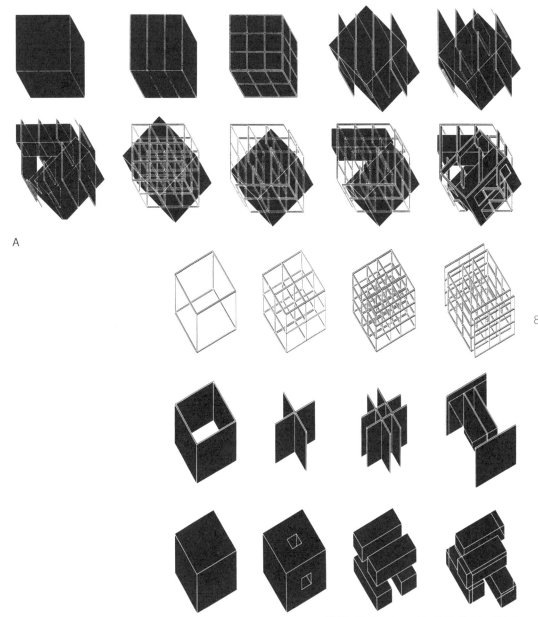

A

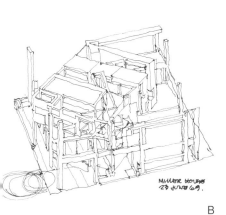

B

住宅Ⅳ号のアクソメによるダイヤグラム

6

幻庵

■

石山修武
1975
愛知県

■

A： 2階平面図
B： 1階平面図
C： 立面図（正面）
D： 立面図（背面）
E： 断面図
縮尺＝1/200

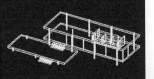

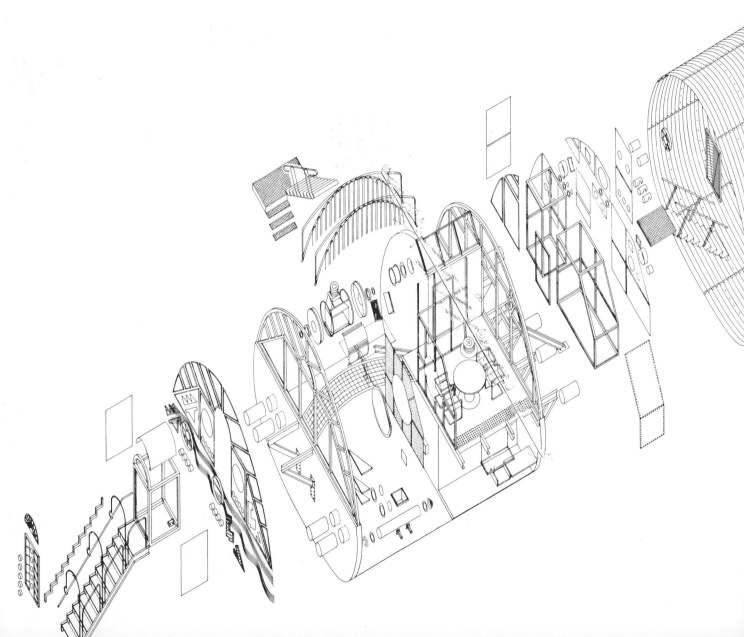

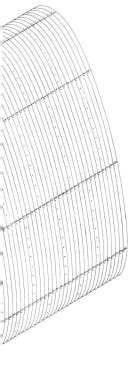

組立説明書

コルゲートパイプの外壁で有名なこの住宅は、施主が自分で組み立てることができる「セルフビルド」的なイメージをつくり出すことが意図されている（実際にセルフビルドでつくられたわけではなく、そういった雰囲気のでることが期待されている）。このアクソメ図も、この住宅を構成している要素の組立方を示したもののようでもあるが、実際にはこの図をもとに建物がつくられたわけではない。このドローイングそのものが「セルフビルド」的なイメージをつくり出すために描かれたものなのである。1つ1つの部品はディテールまで細かく描かれており、プラモデルの組立説明書のようでもある。こういうドローイングをみていると不思議と自分でつくれるような気がしてくる。

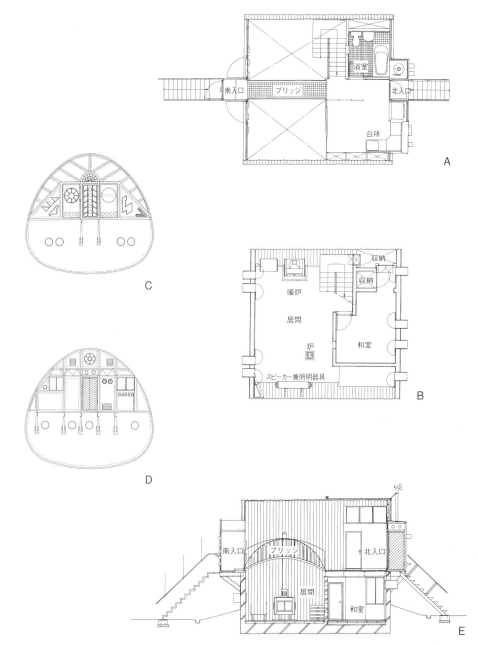

アクソメ

図

7

スズキハウス

■

ピーター・ウィルソン
1995
東京

■

A： 屋上階平面図
B： 3階平面図
C： 2階平面図
D： 1階平面図
縮尺＝1/200
E： 外観写真

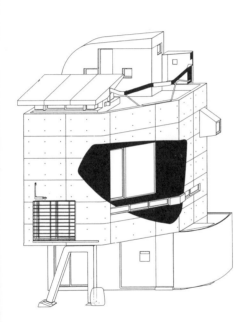

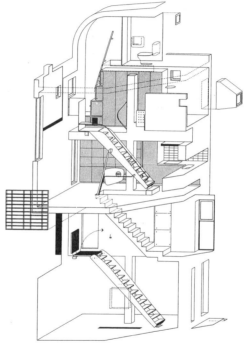

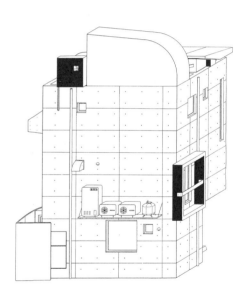

エレメント

小さな住宅のアクソメである。建物の手前の壁を取り出し、インテリアと別々に描くことで全体の雰囲気を伝えている。ここでの雰囲気作りに役立っているのが建築的な部品や浮遊している小さなパーツである。これらエアコンの室外機から便器まで、さまざまな要素はそれぞれのスケール、材料、ディテールの違いをこえ、集合することである意味をもつ。初対面の人がどんな人かを判断するときに、持ち物や着ている洋服でその人を類推するということがあるが、空間もそれと同様に、要素から全体を組み立てることもできるのである。

A

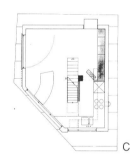

B

C

D

E

家具でみる斜投象図表現の違い

アイソメトリック	アクソノメトリック			
垂直軸測投象 等測図	水平斜軸測投象図 ミリタリ　45°	直立斜軸測投象図 カバリエ　90°	直立斜軸測投象図 カバリエ　45°	直立斜軸測投象図 キャビネット　45°

透視図

— I

住吉の長屋

■

安藤忠雄
1976
大阪

■

A： 2階平面図
B： 1階平面図
縮尺＝1/100
C： 内観透視図

光空間のイメージ

断面パースからは、内部空間の奥行きとそれらの連続していくようすを、建物全体の構成の中で読みとることができる。この図においては、鉛筆のタッチを用いて中庭に差し込む強烈な光、トップライトから注がれる光、それらの光の反射で覆われた空間などが緻密に表現されており、単純な構成とそれが成しうる多彩な「光空間のイメージ」を伝えようとしている。この小住宅で設計者は、長屋に潜む都市のコンテクストを再発見し、都市における生活様式の象徴化を試みた。その上で内部空間と外界とをつなぐものは光であるとして、外界から切取られた閉鎖的な箱の中に単純な構成を作り、そこに差込む光によってさまざまな内部空間を生みだそうとしている。その試みはこの断面パースという手法によって、より明確にイメージできる。

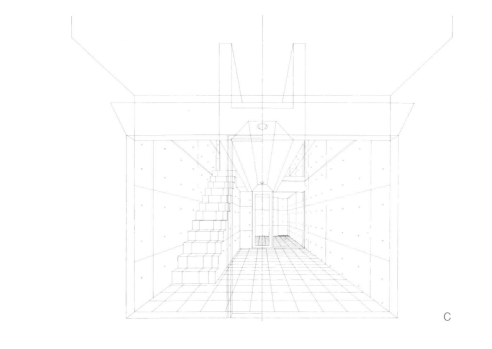

C

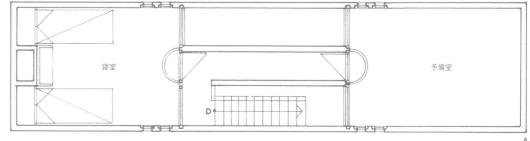

寝室　予備室　D

A

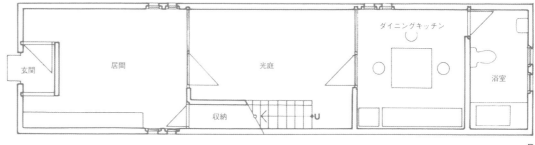

玄関　居間　光庭　ダイニングキッチン　浴室　収納　U

B

透視
図

2

サヴォワ邸

■

ル・コルビュジエ
1929
パリ郊外

■

A： 3 階平面図
B： 2 階平面図
C： 1 階平面図
D： 断面図
縮尺＝1/500
E： 外観写真

位置関係

パースは、ある場所からの実際のみえ方を示すだけではなく、アングルの選び方によってはいくつかの場所の相互関係を説明することが可能になる。このサヴォワ邸の屋上庭園のパースは、その好例である。屋上庭園と外側の庭との関係、リビングと屋上庭園との関係、屋上庭園とさらにその上のサンルームとの関係など、いくつもの関係が1つのアングルのなかに描かれている。フリーハンドのペン画だが、パースが正確であること、余計な線がないこと、点景が楽しげな雰囲気を演出していることなどのせいか、無駄のない気持ちのいい時間がイメージできる。

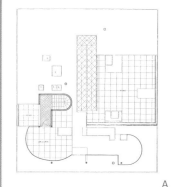

A

B

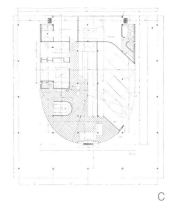

C

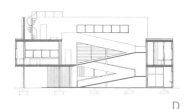

D

E

透視
図
3

落水荘

■

フランク・ロイド・ライト
1936
アメリカ

■

A： 　　　平面図
　　　縮尺＝1/400
B： 　　　外観写真

モダニズムの視点

この図の特筆すべき点は、描いている視点の位置（高さ）にある。この図の下半分には岩間から流れ落ちる滝が描かれ、上半分にはこの建物とそれを取り巻く森が描かれている。そしてそれらを滝の下の低い視点から見上げることで、水面という自然の水平要素と宙に浮かぶ人工の水平要素とを同時に描き出し、両者を象徴的に相対させている。またその視点からは、流れの上に大きく跳ねだした巨大な水平のテラスをダイナミックに表現することができ、新しい技術がもたらした建築の可能性を語る有効な手段となった。

この図に示された森深い渓谷に建つ建築のイメージは、当時のモダニズムの精神性を表現したものとして成功したが、そこにはライト独自の「モダニズムの視点」が強く反映されている。

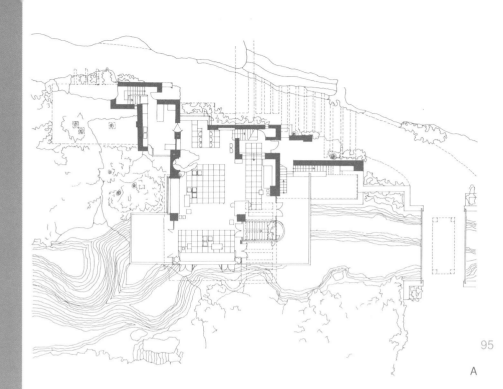

95

A

B

透視図

4

ブラント・
ジョンソン・
ハウス

■

ロバート・ヴェンチューリ
1976
アメリカ

■

A ： 断面図
B ： 1 階平面図
C ： 2 階平面図
D ： 3 階平面図
E ： 4 階平面図
縮尺＝1/300

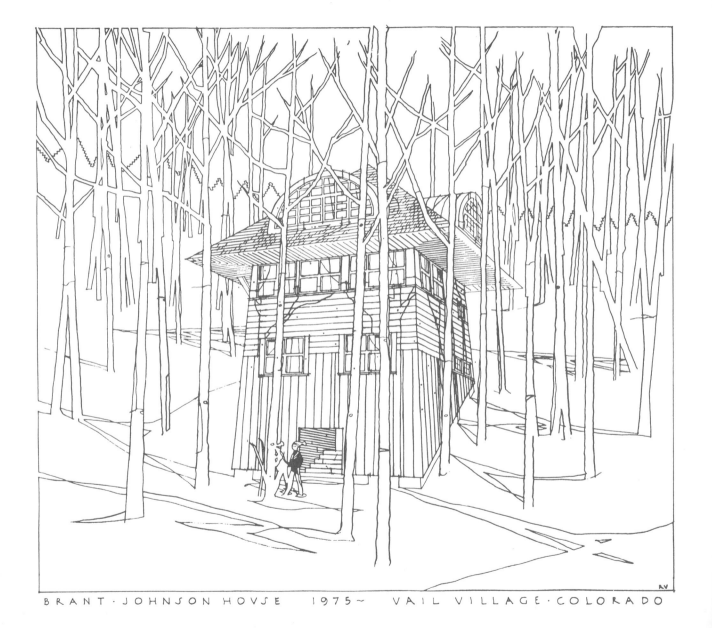

BRANT·JOHNSON HOVSE   1975~   VAIL VILLAGE·COLORADO

環境と建築の一体化

急斜面の森のなかに建設されたスキーロッジの外観図。この図の特徴は、建物自身の外観と周囲の樹木や人物などを、できるだけ同じ扱いで一体化させるように描かれている点にある。そこには自然環境と建物とが対立することなく、互いに呼応しあっているようすが示されている。このことは、樹木をできるだけ伐採しないために建物をタワー型にしたこと、外壁と屋根および内部仕上げをすべて木質素材で統一していること、1階と3階に出入口を設けて内部階段で連続させていることなど、建物の構成手法の中にもあらわれている。すなわちこのドローイング方法は、建築をそのまわりの環境との関係の中で意味づけようとする設計者の意図を明確に伝えるものである。

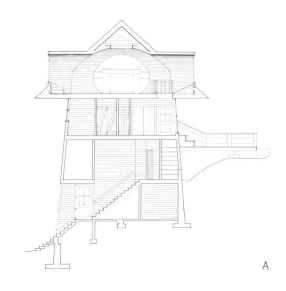

A

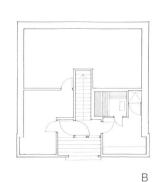

B

C

D

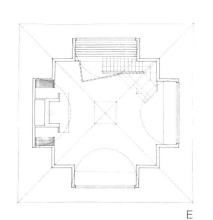

E

透視
図

5

ラ・ヴィレット
公園

■

バーナード・チュミ
1983
パリ

■

A：　　　全体構成図
B-C：　　景観写真

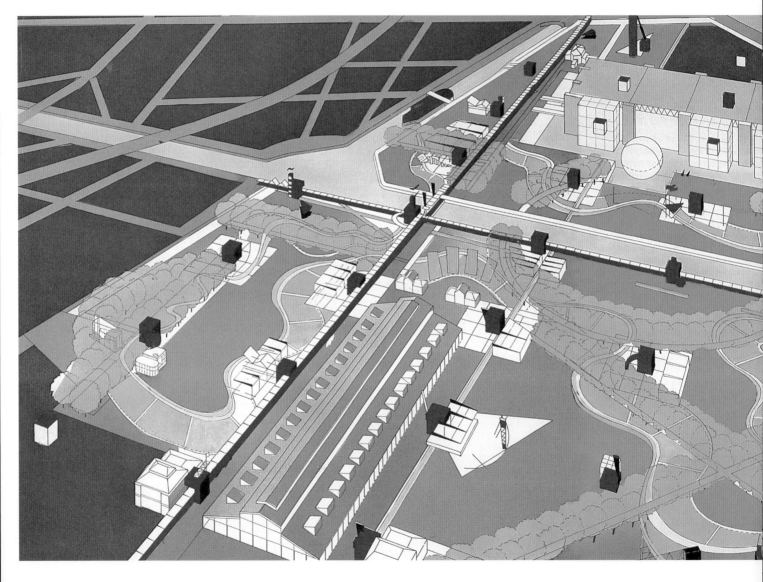

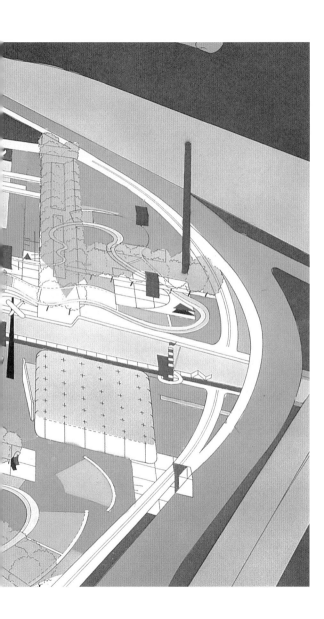

点・線・面の重ね合わせ

約55ヘクタールにおよぶ都市公園のマスタープランの図である。既存の架構物を再利用した2つの大建造物を除けば、この公園は大きく3つの要素のものが重なり合う形で全体が構成されていることがわかる。すなわち、約120メートル間隔でグリッド状に点在する赤色の小建築（フォリーとよばれる）、公園内を十字に横断する通路および線状に自由展開する並木、そしてそれらの〈地〉となる緑地や運動公園である。こられはそれぞれ点／線／面という明快な形態特性をもち、さらに相互に整合性のないかたちで配置されていることがわかる。こうした手法は、〈線〉の交差部としての〈点〉、あるいは〈線〉で囲われた領域としての〈面〉といった、古典的な都市空間や造園にみられるような構成と対比をなすものである。

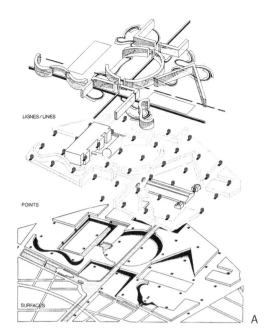

A

B

C

透視
図

6

コングレスポ

■

レム・コールハース
1991
フランス

■

A: 　ダイヤグラム
B-C: 外観写真
D: 　内観写真

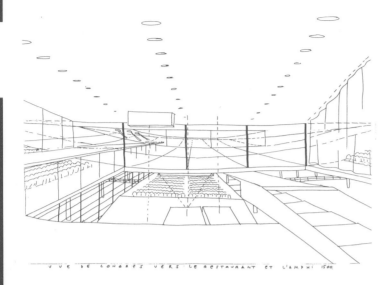

VUE DE CONGRES VERS LE RESTAURANT ET L'AMPHI 1500

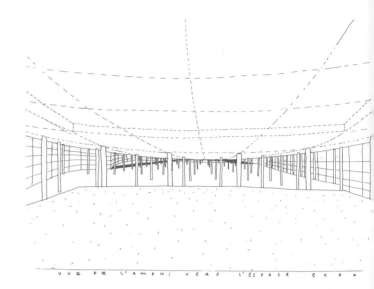

VUE DE L'AMPHI VERS L'ESPACE EXPO

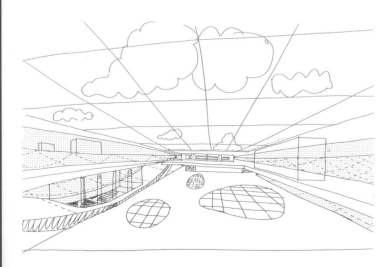

ヘタウマ

これらのフリーハンドのイラストは本来のパースのもっている建物の完成予想図とはちがって、建築物のイメージを伝えるというより、建築家の思考をダイレクトに表現してくれる。単純化されていることで、仕上やディテールに目が行かない分、図をみる側に建物をどうみせたいか、どのようにつくりたいかということがより伝わりやすい。いっけん、マンガのようにもみえるが、消失点の設定など、基本的なパースの知識があるのが前提になっている。また、テーブルや自動車のような点景や、おおざっぱな仕上げの表現方法は楽しげだ。このような表現を多用する設計者は、実作においてもパースと同様に、建築を成立させるさまざまな与条件を分析し、その分析結果をそのまま立ちあげるような建築を数多く計画している。

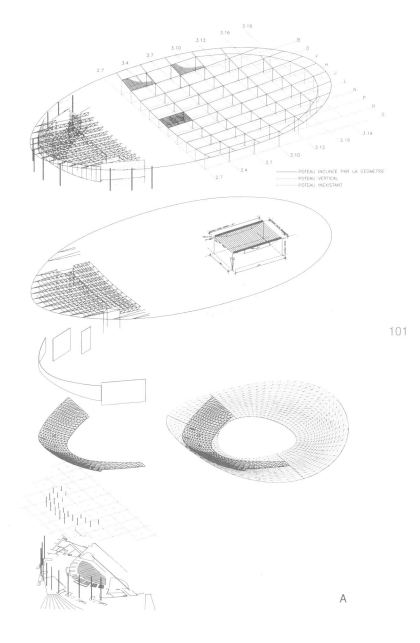

A

B

C

D

透視図

7

インスタント
シティ

■

アーキグラム
1968

■

ポップ

グラフィックもアイデアも、ポップで派手で極端だ。ここでイメージされているのは、テクノロジーが都市に積極的に関わることにより、都市もスピーディーに変化することが可能になるということだ。もっと積極的にいえば、社会の変化のスピードに建築も適合できなければならないということだ。具体的には、気球やテントなどが都市の姿を変え続ける道具立てとして用意され、さらにいたる所に貼りつけられたサインにより、その変化の早さのイメージをより強くしている。点景や映像には雑誌の写真がコラージュされ、ドローイングに用いられる色の派手さとあいまって、独特の雰囲気をつくり出している。

ウォーキングシティ（都市そのものが移動する）

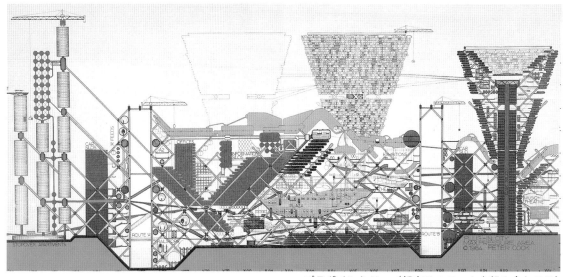

プラグインシティ（都市のユニットを組み合わせる）

家具でみる透視図表現の違い

1点透視		2点透視		3点透視	
視点の向き：正面 視点の位置：対象から2m 視点の高さ：1.5m 視心の高さ：1.5m	視点の向き：正面 視点の位置：対象から2m 視点の高さ：0.2m 視心の高さ：0.2m	視点の向き：左斜め45° 視点の位置：対象から2m 視点の高さ：1.5m 視心の高さ：1.5m	視点の向き：左斜め45° 視点の位置：対象から2m 視点の高さ：0.2m 視心の高さ：0.2m	視点の向き：左斜め45° 視点の位置：対象から2m 視点の高さ：1.5m 視心の高さ：0.2m	視点の向き：左斜め45° 視点の位置：対象から2m 視点の高さ：0.2m 視心の高さ：1.5m

その他

矩計

図

**IBM巡回
パヴィリオン**

縮尺＝1/60

■

レンゾ・ピアノ
1984

■

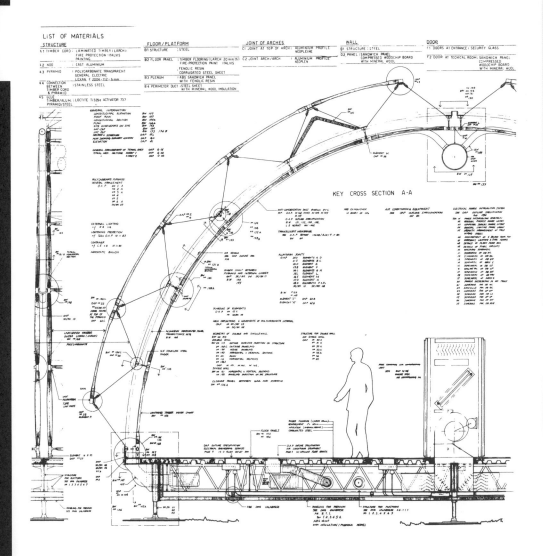

高度なプレファブ

矩計図で表現されなければならない
ことは、その建物の"構造"・"な
りたち"である。そのために表記し
ておかなければならないものには、
構造材の材質・大きさ、基礎の位
置・深さ・材質・大きさ、仕上材
（防水材等含む）の材質・厚さ、設
備の配管の位置・大きさなどが上げ
られ、それらの接合部や位置関係を
正確に図化していくことで、その建
物の"なりたち"を伝える図となり
得る。

この矩計図をみると、基礎や構造材
が非常に軽く簡易なものでできてい
ることから、この建物が仮設的なも
のであることがわかると同時に、単
一のシステムによって成立する合理
的な構造となっていることが読み取
れる。そしてまた、シンプルで軽い
接合部からは、さまざまな試行錯誤
に積み上げられた高度なプレファブ
技術もみえてくる。

展開
図

パリ大学
図書館

■

ム・コールハース
1994
パリ

■

りんごの皮

フランス、パリのジュシューの大学図書館のコンペの案である。模型写真をみるとわかるように、床すべてがスロープで構成され、それがりんごを剥いたときの皮のように途切れずに繋がっている。この図面は、その床から立ち上がった壁の展開図である。

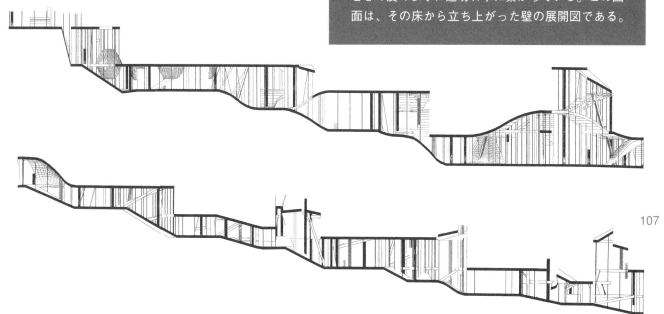

107

場所を示す平面図と一緒に図面をよむと、高低差、天井高、空間の連続感などウォークスルーするように空間を認識できる。システム図などと異なり、個人のリニアな体験がどう変化していくのかという表現方法である。

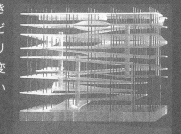

家具

図

フロッグチェア

■

大橋晃朗
1985

■

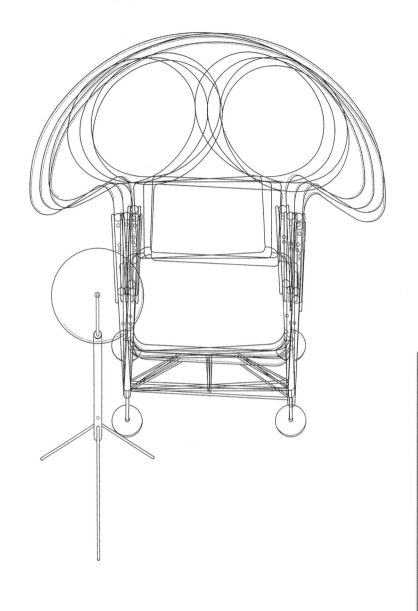

正確

シルバーハット（伊東豊雄設計）のためにデザインされた椅子である。自動車用のガスダンパーが４本の脚にそれぞれ取りつけられており、大きな座面のうえでどんなふうに座るのかに合わせて椅子全体が揺れ動く。大橋の図面はいつも、選び抜かれた線で正確に描かれており、その正確さと実際の家具のもつ緊張感が共通したイメージをつくり出している。この図面では、揺れ動くようすを表現するため、傾いたいくつかの状態の姿図が重ねて表現されているのだが、その揺らぐようなイメージに加えて、大橋の椅子そのもののもつ完成された緊張感も伝わってくる。

フィラデルフィア
都市交通計画

■

ルイス・カーン
1953
フィラデルフィア

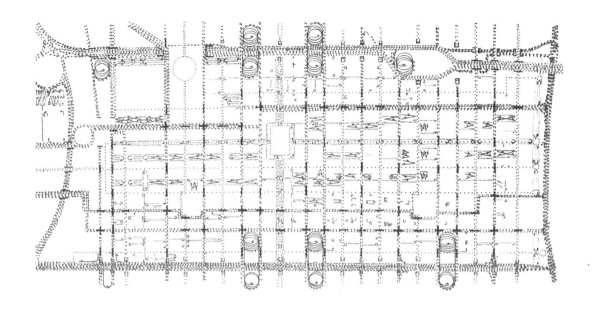

流れの表現

この図は、都心部の交通問題に対処するための新たな提案を図示したものである。直交グリッド状の街路に対して、すべての道路を一方通行とする従来の方法に代わり、ここでは都心の周辺部と市内のいくつかの場所に、パーキングタワーおよび駐車ガレージを設置することで、約半数の街路を歩行者用とすることが可能であることを示している。矢印の繰り返しを描くことで、つねに流動化している現代都市のようすをビジュアルに表現している。

私の家

縮尺＝1/10

■

清家清
1954
東京

■

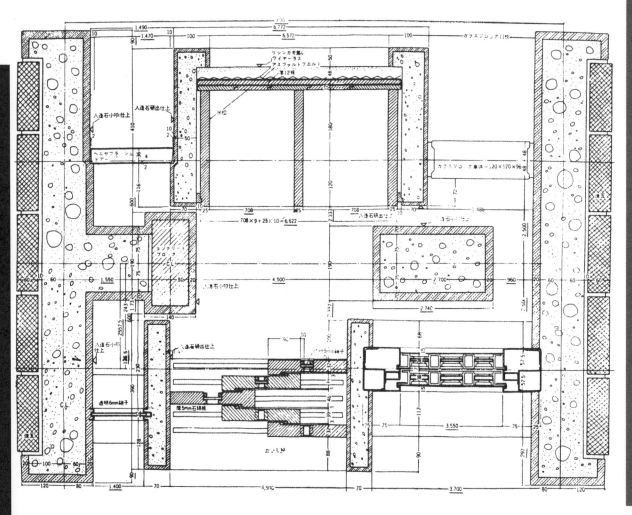

凝縮された平面図
いっけんどの部分の
ディテールを描いた
図なのか判別しにく
いのだが、「私の家」
（配置図１）の平面
図を思い浮かべてみ
ると、この図一枚の
中にこの建物の構成
要素のほぼすべて
が、平面詳細図とし
て描かれているのが
みえてくる。
壁の長さを短縮する
ことで、壁端部、開
口部、建具の納り、
壁面収納など主要な
ものをすべて取りだ
して描いている上、
できる限りそれぞれ
の位置関係も示そう
としている。
この「凝縮された平
面図」からは、極力
構成要素を減らして
いこうとした設計姿
勢がうかがえる。

レイアウト図ー

ダイマキシオン
ハウス

■

バックミンスター・フラー
1929

■

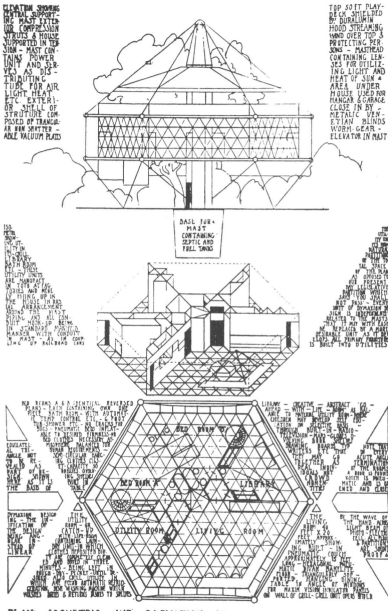

わかりやすさ

レイアウトは図面のできを決める
といっても過言ではない。この図
面を上から下にみると、立面から
平面へと、アクソメという立体の
表現を挟んで全体の空間が認識で
きるようになっている。このレイ
アウトで重要なのは、とにかくわ
かりやすさである。図面は建築家
の意図を第三者に伝えるための手
段である。したがって、無駄なく
無理なく効果的にレイアウトされ
なければならない。そのためには、
平面図や断面図を同じ位置で上下
に重ねたり、ちょうど良い間隔を
あけたり、さまざまな工夫がなさ
れる。この図面では文字の配列ま
でもが図を効果的にみせるために
役立っている。

レイアウト

図

2

モデナ墓地
設計競技案

■

アルド・ロッシ
1971
イタリア

■

93

情報量

コンペの限られた表現
スペースに、どれだけ
情報をいれられるのか。
この一枚の紙に、配置
図、平面図、立面図、
断面図、アクソメ図が
描かれている。配置図、
断面図と立面図の一部
は影付きで、平面図は
巧みに省略しながら上
下階が収まっていたり
する。しかも、これだ
けの情報量でありなが
ら、どこにも不自然さ
がなく、かつ全体が一
枚の絵としても美し
い。
古典を幾何学形態に昇
華させるという設計手
法の奥にある観念が、
余白を排したこのレイ
アウトからみえてく
る。

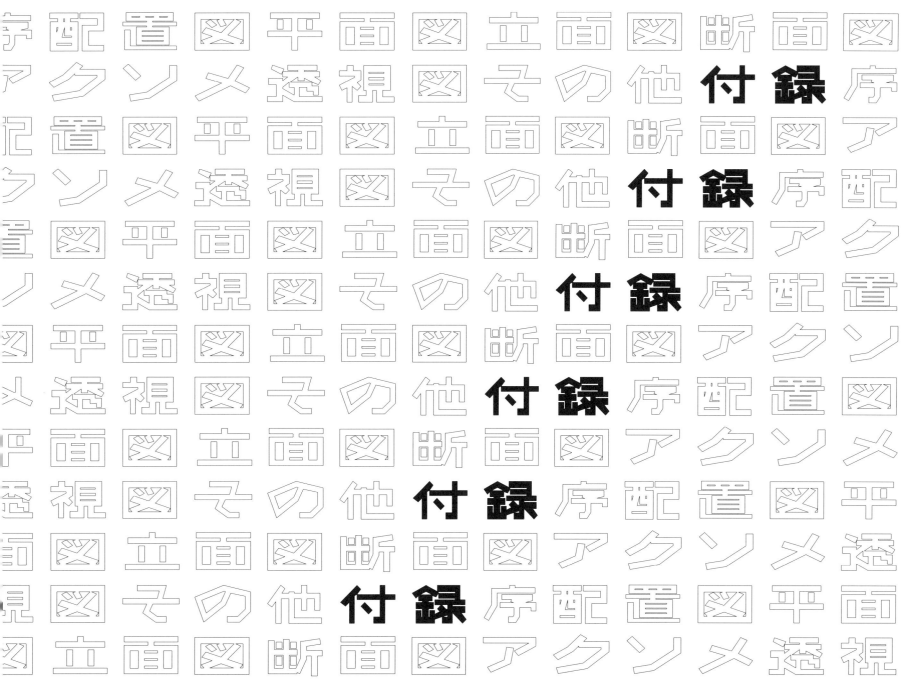

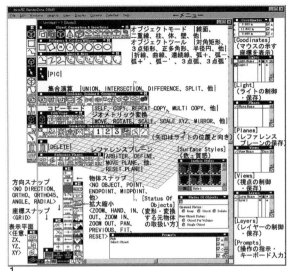

1

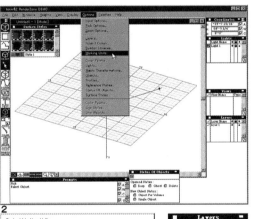

2

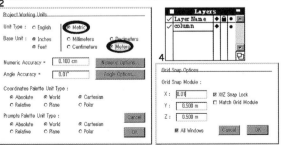

3

ツール・パレット一覧。（図1）

描画の準備

メニュー → Options → Working Units（図2）
　　　　　　Unit Type：Metric
　　　　　　Base Unit：Meters
　　　　　　Numeric Accuracy＝0.001m（図3）
メニュー → Palettes → Planes

柱を立てる

［Layers］パレットの現書込レイヤ名をクリックしてレイヤ名を変更する。（自分でわかりやすい名前にする）（図4）
メニュー → Display → Custom Display Scale
　　　　　　Display Scale：1：5 Scale
メニュー → Windows → Window Setup
　　　　　　X（Y，Z）module：0.1m # Divisions 5
〈Grid〉をダブルクリックしてオプションダイアログを表示し
　　　　　　X（Y，Z）0.01m
とする。（図5）
メニュー → Heights → Custom 4.8m
中央に｜柱：折線｜で、グリッドを参照しながら、H鋼
（H−200×200）の外形を順次クリックし（図6）、始点に戻ったらダブルクリックして柱を1本作成する。（図7）
メニュー → Window → Window Setup
　　　　　　□ XYZ Snap Lock（チェックをはずす）
　　　　　　X module：6.72m # Divisions 1
　　　　　　Y module：8.94m # Divisions 1（図8）
メニュー → Display → Custom Display Scale
　　　　　　Display Scale：1：100〜200 Scale
　　　　　　（自分のマシンでみやすい大きさ）
｜RESET PLANE｜で作図画面内を一度クリック。（図9）
〈Grid〉オプション
　　　　　　□ XYZ Snap Lock（チェックをはずす）
　　　　　　■ match Gridmodule（チェックをつける）
｜COPY：MOVE｜でH鋼足元（座標0，0，0）をクリックしてH鋼を選択し（図10）、残りの1階床周りのH鋼の足元位置（グリッド交点）を順次クリックして複写する。（図11）

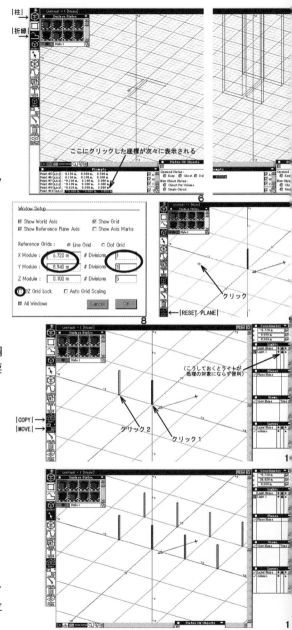

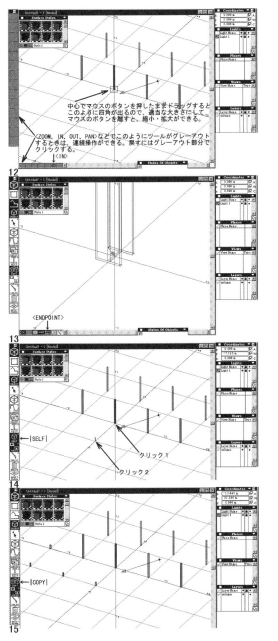

中心でマウスのボタンを押したままドラッグするとこのように四角が出るので、適当な大きさにしてマウスのボタンを離すと、縮小・拡大ができる。

〈ZOOM、IN、OUT、PAN〉などでこのようにツールがグレーアウトするときは、連続操作ができる。戻すにはグレーアウト部分でクリックする。〈IN〉

12

〈ENDPOINT〉

13

←|SELF|

クリック1

クリック2

14

|COPY|

15

メニュー → Window → Window Setup
　　　　Ymodule：7.11m ＃ Divisions 1
メニュー → Heights → Custom 0.7m
4.8mのH鋼の足元をズーム〈IN〉し、（図12）物体スナップを〈ENDPOINT〉にして｜柱：折線｜でH鋼の周囲をなぞり（図13）、テラス周りの柱を1本作成し、〈RESET〉で表示を〈NO OBJECT〉でスナップを戻す。
｜SEL F：MOVE｜で正規の位置に移動したら、（図14）
｜COPY：MOVE｜で残りの柱も複写する。（図15）

梁を架ける

[Layers] のレイヤ名の空いているところをクリックして新規レイヤをつくり（図16）、レイヤ名を変更し、そのレイヤ名の左をクリックして書込み選択する。
メニュー → Window → Window Setup
　　　　X module：6.72m ＃ Divisions 8
　　　　Y module：8.54m ＃ Divisions 14
｜Move Plane｜で座標中心（0，0，0）をクリックし、水色の座標軸がマウスについて移動するのを確認したら、マウスを動かさないようにして、キーボードから（0，−0.2，0.8）と入力してレファレンスプレーンを移動する。（図17）
[Planes]のプレーン名の空いているところをクリックして、このレファレンスプレーンの状態を保存し名前を変更する。（図18）
メニュー → Heights → Custom −0.4m
メニュー → View　　　　　[＋XY]：Top
｜壁｜をダブルクリックしてオプションダイアログを表示し、
　　　　Justification　　　　Right
　　　　Enclosure Wall Width　0.1m（図19）
とする。
｜対角矩形｜で梁の対角頂点（−15.12，−0.2，0.8；1.68，−6.91，0.8）を順次クリックして（図20）、テラスの梁を作成する。
レファレンスプレーンを（0，0.2，1.6）に移動し、同様に1階床梁（−8.4，8.74，1.6；15.12，0.2，1.6）を作成する。（[Planes] に保存）
レファレンスプレーンを（0，0.2，4.9）に移動し、屋根梁（−8.4，8.74，1.6；15.12，0.2，1.6）を作成。（図21）

16

18

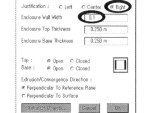

19

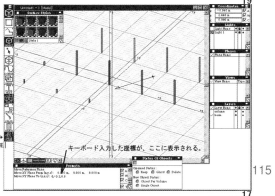

｜MOVE PLANE｜

キーボード入力した座標が、ここに表示される。

17

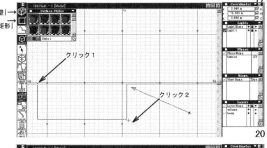

｜壁｜
｜対角矩形｜

クリック1

クリック2

20

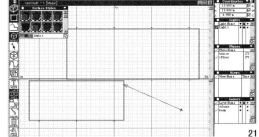

21

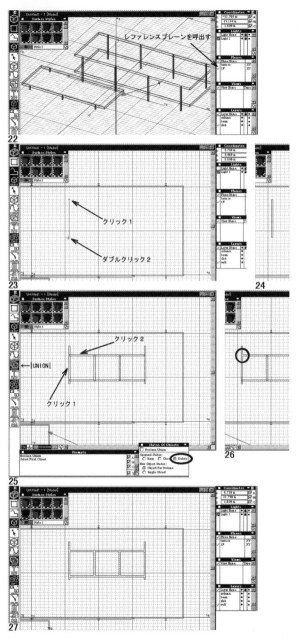

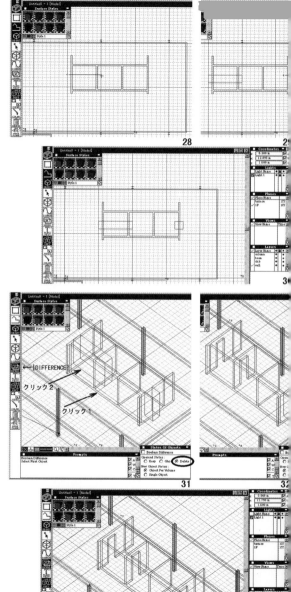

スラブを渡す

新規レイヤ&書込み選択、別色選択する。

｜柱：対角矩形｜でスラブの対角頂点を順次クリックして、屋根スラブを作成する。

[Planes] のテラスを保存したプレーン名の左をクリックしてテラスのレファレンスプレーンをよび出し（図22）、テラスのスラブを作成する。

同様に1階のレファレンスプレーンをよび出し、1階床スラブを作成する。（図22）

室内の壁を建てる

新規レイヤ&書込み選択、別色選択する。

メニュー → Window → Window Setup

　　　　　　　 X module：3.36m # Divisions 8

　　　　　　　 Y module：4.27m # Divisions 14

メニュー → Heights → Custom 2.9m

｜壁｜オプション　Justification：Center

　　　　　　　　　 Enclosure Wall Width 0.15m

｜壁：折線｜でグリッドを参考に壁芯両端をクリックして（図23）、壁を作成する。（図24）

｜UNION｜を選択して

[Status Of Objects] → Operand Status：Delete を選択し、隣合った壁を順次クリックして（図25）、すべての壁を一体にする。（図26、27）

｜壁｜オプション　Justification：　　　　　 Left

　　　　　　　　　 Enclosure Wall Width　 0.75m

メニュー → Heights → Custom 2.4m

｜壁：折線｜で出入口穴開け位置の奥両端をクリックして（図28）、立方体を作成する。（図29、30）

｜DIFFERENCE｜

[Status Of Objects] → Operand Status：Delete で壁、穴開立体の順にクリックし（図31）、出入口を開ける。（図32、33）

階段を架ける

新規レイヤ&書込み選択、別色選択する。

メニュー → View ［＋YZ］：Right Side

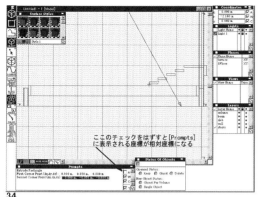

ここのチェックをはずすと[Prompts]に表示される座標が相対座標になる

34

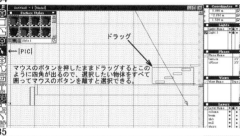

ドラッグ

←|PIC|

マウスのボタンを押したままドラッグするとこのように四角が出るので、選択したい物体をすべて囲ってマウスのボタンを離すと選択できる。

35

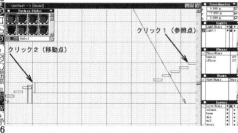

クリック1（参照点）

クリック2（移動点）

36

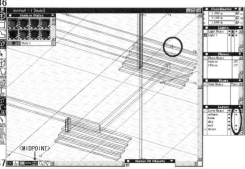

〈MIDPOINT〉

37

メニュー → Window → Window Setup
　　　　　X module：1.0m # Divisions 20
　　　　　Y module：0.8m # Divisions 10
メニュー → Heights → Custom 3.6m
|柱：対角矩形|で階段を作成する。（図34）
〈PIC〉で下4段を選択し（図35）、|COPY：MOVE|で残りの1セットを複写する。（図36）
メニュー → View Z＝30 X＝60
メニュー → Window → Window Setup
　　　　　X module：3.36m # Divisions 8
　　　　　Y module：4.27m # Divisions 14
[Layers]の梁・スラブの黒丸の項目をそれぞれクリックして、スナップしないようにする。（図37）
|PIC|で階段全段すべて選択し、〈MIDPOINT〉
|SEL F：MOVE|で階段最上部中点を参照点としてクリック。（図37）
〈ORTHO〉で階段を正規の位置に移動したら（図38）、〈NO OBJECT〉〈NO DIRECTION〉に戻しておく。

サッシュを建てる
新規レイヤ＆書込み選択、別色選択する。
〈Grid〉オプション　■ XYZ Snap Lock
　　　　　　　　　□ match Gridmodule
　　　　　　　　　X（Y，Z）0.01m
メニュー → Heights → Custom 2.9m
隅2本、そこからY方向2本のサッシュバーを作成。（図39）
H鋼中間の1本、H鋼取付の1本のサッシュバーを作成。
〈Grid〉オプション　□ XYZ Snap Lock
　　　　　　　　　■ match Gridmodule
|COPY：MIRROR|で残りを複写する。（図40、41）

硝子を入れる
新規レイヤ＆書込み選択、別色選択する。
表示平面〈ZX〉|線面：対角矩形|で、サッシュの中点を利用してX軸のガラス窓を作成し（次頁図42）、X軸と平行の残りの窓を複写。
同様に表示平面〈YZ〉で、Y軸と平行のガラスを作成。

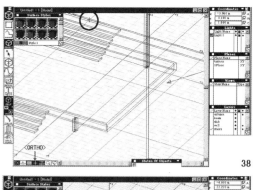

〈ORTHO〉

38

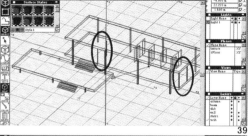

39

右のサッシュバーを左にコピーする。

|MIRROR|　クリック3（対照点）　クリック2（参照点）
　　　　　クリック1（選択）

対称軸

40

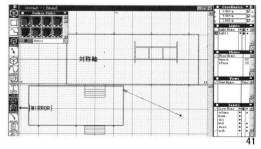

対称軸

|MIRROR|

41

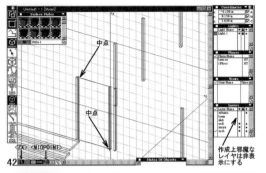

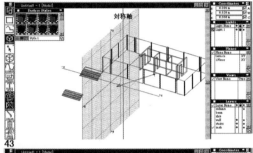

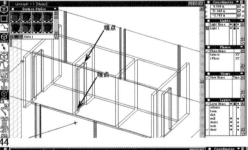

手前のガラスをすべて奥に複写。（図43）

扉を建て込む

メニュー → Heights → Custom 0.04m

新規レイヤ＆書込み選択、別色選択する。

｜柱：対角矩形｜で開口部対角隅を利用し〈ENDPOINT〉で、扉を作成。（図44）

家具を配置する

〈Grid〉オプションを、適宜調整して、新規レイヤ＆書込み選択、別色選択し、家具を作成。（図45）

完成

メニュー → View → Perspectiveで透視図として表示される。

メニュー → View → Edit Cone Of Vision

で視点、視方向、画角などの変更ができる。（図46）

三面図の、○が視点、十が視方向、四角錐台が画角で、変更した結果が投象図に反映する。変更が終わったら、このウィンドウを閉じるとモデリングのウィンドウに戻る。

[Surface Styles] で色や質感が変えられる。（図47）Colorが色、Reflectionが反射、Transparencyが透明、Bumpsが凹凸。左の四角がプリセット、右のOptions... ボタンが詳細設定。

メニュー → Display → RenderZone（WireFrame以外）でレンダリングされる。（図48）

キーボードのCtrlとShift（Macではoption）を押しながらRenderZoneを選択すると、レンダリング時のさまざまな設定ができる。（図49）

なお、このモデルはp28、29の平面図2を基に、作成しやすいように多少簡略化している。

また、データがインターネットのホームページ http://bosei. cc. u-tokai.ac.jp/~iwaoka/からダウンロードできる。

form・Zのデモ版は、auto・des・sys社のホームページ http://www.autodessys.com/ からダウンロードできる。また、製品は㈱イメージアンドメジャーメント社から販売されている。form・Zの使い方は、「form・Z RenderZone徹底解説」（鳥谷部真著・建築知識発行）に詳しい。

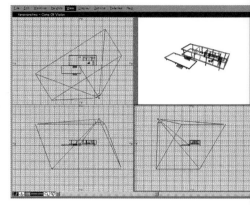

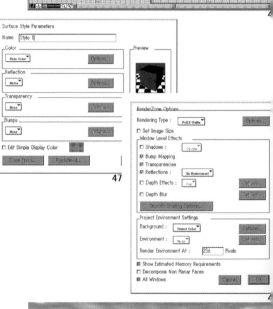

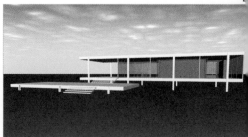

出典（書名／頁／著者／出版社／発行年、記載なき図版は図研究会による）

：〈A〉都市の世界史1／p86-87／L. ベネーヴォロ／相模書房／1983〈B〉茶匠と建築／p142／中村昌生／鹿島出版会／1971〈L〉都市の世界史1／p174／L. ベネーヴォロ／相模書房／1983〈M〉都市の世界史4／25／L. ベネーヴォロ／相模書房／1983〈N〉a＋u 1983年5月臨時増刊号／p91／エー・アンド・ユー／1983〈O〉Louis I. Kahn：complete work1935-1974／p83／Heinz Ronner＋／BIRKHAUSER／1987〈P〉図集世の建築（上）／p195／Henri Stierlin／鹿島出版会／1979〈Q〉建築文化1986-1／p37／彰国社／1986〈R〉図集世界の建築（上）／p111／Henri Stierlin／鹿島出版会／1979〈S〉アドルフ・ロース／fig. 204／ハインリ・クルカ／泰流社／1984〈T〉バウハウスの実験住宅／p8／Adolf Meyer／中央公論美術出版／1991〈U〉INTERTWINING／p22／Steven Holl／Princeton Architectural Press／1996〈V〉Norman Foster：ildings and Projects Vol. 3／p195／Watermark／1989〈W〉都市と建築コンペティション／三宅理一／講談社／**配置図1**：ja22／p50／新建築社／1996　**配置図2**：Mies van der Rohe：The Art of Structure／32／Werner Blaser／BIRKHAUSER Verlag／1993〈A〉Mies van der Rohe：The Art of Structure／p133／Werner Blaser／BIRKHAUSER Verlag／1993　**配置図4**：〈A-C〉建築文化1996. 04／p51／彰国社／96　**配置図5**：Yves Brunier／p46-47／Arc-en-Reve Centre d'Architecture／BIRKHAUSER／1996〈A-E〉Yves Brunier／p46, 50-51／BIRKHAUSER／1996　**配置図6**：新建築住宅特集1992-7／p89-90／新建社／1992〈A-B〉ja4／p88-89／新建築社／1991　**配置図7**：Le Corbusier 1946-1952／p114／W. Boesiger／A. D. A. EDITA Tokyo／1978〈A〉Le Corbusier 1952-1957／p52-53／W. Boesiger／A. D. A. EDITA kyo／1977　**平面図1**：篠原一男／p123／篠原一男／TOTO出版／1996〈A-C〉篠原一男／p123／篠原一男／TOTO出版／1996　**平面図2**：Mies van der Rohe：The Art of Structure／p108-109／Werner Blaser／RKHAUSER／1993〈A-B〉現代建築家シリーズ；ミース・ファン・デル・ローエ／p33-34／浜口隆一ほか／美術出版社／**平面図3**：Le Corbusier 1952-1957／p21／W. Boesiger／A. D. A. EDITA Tokyo／1977〈A-B, Le Corbusier 1952-1957／p38／W. Boesiger／A. D. A. EDITA Tokyo／1977　**平面図4**：山本理顕；現代建築―空間と手法23／p4／同朋社出版／1984〈B〉ja29／p148／新建築社／1998　**平面図5**：EL CRO-JIS 53／p72-73／EL CROQUIS EDITORIAL／1992〈A-B〉EL CROQUIS 53／p73-77／EL CROQUIS EDITORIAL／1992　**平面図6**：〈A-C〉日本現代建築家シリーズ12伊東豊雄／p58／新建築社／1988　**平面図7**：-B〉Daniel Libeskind RADIX-MATRIX／p108／Alois Martin Muller他／Architektuzren und Schriften／1994　**立面図1**：SHIN TAKAMATSU：ARCHITECT／p58／日本経済新聞社／1995〈A-B〉SHIN KAMATSU：ARCHITECT／p115／日本経済新聞社／1995　**立面図2**：HERZOG & DE MEURON 1989-1991／p30／BIRKHAUSER Verlag〈A-F〉HERZOG & DE MEURON 1989-1991／p32／BIRKHAUSER rlag　**立面図3**：Visionary Architecture／p174／Ch. W. Thomsen／Prestel／1994〈A-D〉建築文化1996. 08／p110-111／彰国社／1996　**立面図4**：新建築1987：04／p140／新建築社／1987〈A-D〉新建築198704／44／新建築社／1987　**立面図5**：a＋u 1989年12月臨時増刊号 PETER COOK 1961-1989／p142／エー・アンド・ユー／1989〈A-D〉a＋u 1989年12月臨時増刊号 PETER COOK 1961-1989／p123, p73, p130, p92／ー・アンド・ユー／1989　**立面図6**：Le Corbusier 1910-1929／p130／W. Boesiger／A. D. A. EDITA Tokyo／1979〈A-D, F〉Le Corbusier 1910-1929／p142-143／W. Boesiger／A. D. A. EDITA Tokyo／1979／面図7：a＋u 74：11／p44／エー・アンド・ユー／1974〈A-B〉a＋u 74：11／p44／エー・アンド・ユー／1974　**断面図1**：〈A-D〉建築設計競技選集3／p76-77／メイセイ出版／1995〈ref.〉L'ARCHITECTURE：C. N. LEDOUX／p141, p29／Princeton Architectural Press／1983　**断面図2**：篠原一男／p255／篠原一男／TOTO出版／1996〈A-C〉篠原一男／p255／篠原一男／TOTO出版／1996　**断面図3**：ja22／p83／新築社／1996〈A-C〉ja22／p78／新建築社／1996　**断面図4**：Renzo Piano Building Workshop：Complete works Vol. 3／p172-173／Peter Buchanan／PHAIDON／1997〈C〉ja11／p66／新建築社／1993　**断面図5**：onolithic Architecture／p122-123／Rodolfo Machado and Rodolphe el-Khoury／Prestel-Verlag／1995〈A-F〉バーチャルアーキテクチャー／p104-106／坂村健・鈴木博之／東京大学総合研究博物館／1997　**断面図6**：23 Atelier 5／p45／A. D. A. EDITA Tokyo／1973〈A-E〉GA23 Atelier 5／p44-45／A. D. A. EDITA Tokyo／1973　**断面図7**：ja19／p97／新建築社／1995〈A-K〉ja19／p96, p99／新建築社／1995　**アクソメ図1**：〈A-C〉GA68／p4／A. D. A. EDITA Tokyo／1992　**アクソメ図2**：新建築1979-02／p201／新建築社／1979〈A-D〉新建築1979-02／p201-206／新建築社／1979　**アクソメ図3**：〈A〉SD 7604／p122／鹿島出会／1976〈ref.〉SD 7604／p86／鹿島出版会／1976　**アクソメ図4**：ja16／p277／新建築社／1994〈A-B〉建築文化1992. 06／p108-109／彰国社／1992〈C〉ja16／p275／新建築社／1994　**アクソメ図5**：ポスト・モニズムの建築言語／p138／エー・アンド・ユー／1978〈A〉ポスト・モダニズムの建築言語／p75／エー・アンド・ユー／1978〈B, ref.〉a＋u 80：01／p201, p160-161／エー・アンド・ユー／1980　**アクソメ図6**：築文化1986. 10／p80-81／彰国社／1986〈A-E〉建築文化1986. 10／p90-91／彰国社／1986　**アクソメ図7**：EL CROQUIS 67／p94／EL CROQUIS EDITORIAL／1994〈A-D〉EL CROQUIS 67／p94／EL CROQUIS DITORIAL／1994　**透視図1**：GA ARCHITECT 8：TADAO ANDO／p43／A. D. A. EDITA Tokyo／1987〈A-B〉新建築1977-02／p204／新建築社／1997〈C〉GA ARCHITECT 8：TADAO ANDO／p42-43／A. A. EDITA Tokyo／1987　**透視図2**：Le Corbusier 1910-1929／p174／W. Boesiger／A. D. A. EDITA Tokyo／1979〈A-D〉LE CORBUSIER1929-1934／p24-25／W. Boesiger／Artemis／1964　**透視図3**：GA 2 ank Lloyd Wright／p42-43／A. D. A. EDITA Tokyo／1970　**透視図4**：Venturi and Rauch：ARCHITECTURAL Monographs 1／p95／Academy Editions London／1978〈A-E〉Venturi and Rauch：ARCHI-CTURAL Monographs 1／p95-102／Academy Editions London／1978　**透視図5**：a＋u 88：09／p64-65／エー・アンド・ユー／1988〈A〉a＋u 88：09／p45／エー・アンド・ユー／1988　**透視図6**：EL CRO-JIS 53／p168-170／EL CROQUIS EDITORIAL／1992〈A〉SMLXL／p770／OMA Rem Koolhaas and Bruce Mau／1994　**透視図7**：ARCHIGRAM：monographie collection／p143／Centre Georges Pompidou／94〈ref.〉ARCHIGRAM：monographie collection／p90-91, 98-99／Centre Georges Pompidou／1994　**矩計図**：Renzo Piano Building Workshop：Complete works Vol. 1／p123／Peter Buchanan／PHAIDON／93　**展開図**：SMLXL／p1313, 1318-1319／OMA Rem Koolhaas and Bruce Mau／1994　**家具図**：SD 9306／p37／鹿島出版会／1993　**ダイヤグラム図**：Louis I. Kahn：In the Realm of Architecture／p66, p151／vid B. Brownlee＋Davis G. Long／Rizzoli／1992　**平面詳細図**：現代建築家全集16 清家清／p84／三一書房／1974　**レイアウト図1**：Bucky Works／p25／J. Baldwin／WILEY／1996　**レイアウト図2**：a＋u 76：／P92-93／エー・アンド・ユー／1976

図版提供者：

妹島和世建築設計事務所 p14-15・内藤廣建築設計事務所 p16・伊東豊雄建築設計事務所 p36・DANIEL LIBESKIND architectural studio, p38・磯崎新アトリエ p58, p78

写真提供者：

デザインシステム p11D・妹島和世建築設計事務所 p15F・吉田研介 p29C-D・平賀茂 p37E・更田邦彦 p63E・溝口学 p23B・大宮司勝弘 p13BC, p49EF, p95B・石田潤 p45G・青木友和 p21C・岩岡竜夫 p21D, p37D, p61D, p65A-B, p77E, p87E, p99B-C・曽我部昌史 p19FG, p31C, p47E-G, p53E, p93E・竹内昌義 p39C-D, p101B-D

本書は，1999年2月に東海大学出版部より発行された同名書籍（最終版：2015年3月第8刷）を弊社において引き継ぎ出版するものです．

図・建築表現の手法・Architecture in Drawings
けんちくひょうげん　しゅほう

2022年4月30日　第1版第1刷発行

著　者　図研究会（代表　岩岡竜夫）
発行者　原田邦彦
発行所　東海教育研究所
　　　　〒160-0023 東京都新宿区西新宿 7-4-3　升本ビル7階
　　　　電話 03-3227-3700　ファクス 03-3227-3701
　　　　eigyo@tokaiedu.co.jp
印刷所　港北出版印刷株式会社
製本所　誠製本株式会社

著者：図研究会

岩岡竜夫（担当ページ：4-8，12-13，20-23，28-29，76-77，96-99，109）
1990　東京工業大学大学院博士課程修了
現在　東京理科大学理工学部教授

岩下泰三（担当ページ：16-17，30-31，50-51，54-55，58-59，78-83，112，114-118，アニメ）
1984　武蔵野美術大学大学院修士課程修了
現在　有限会社スペースラボ代表
　　　武蔵野美術大学および東京理科大学非常勤講師

曽我部昌史（担当ページ：14-15，18-19，36-37，46-49，66-71，84-85，92-93，102-103，108，表紙）
1988　東京工業大学大学院修士課程修了
現在　有限会社みかんぐみ共同主宰，神奈川大学工学部教授

竹内昌義（担当ページ：26-27，34-35，38-39，42-45，52-53，60-61，64-65，86-87，100-101，107，111，各章扉）
1989　東京工業大学大学院修士課程修了
現在　有限会社みかんぐみ共同主宰，東北芸術工科大学デザイン工学部教授

更田邦彦（担当ページ：10-11，24，32-33，40，56，62-63，72，74-75，88，90-91，94-95，104，106，110）
1983　武蔵野美術大学造形学部建築学科卒業
元　更田邦彦建築研究所主宰

デザイン
添田直輝

協力者
青木友和・北條豊